AUSTIN-HEALEY

AUSTIN-HEALEY

A história de um clássico britânico

BILL PIGGOTT

Tradução de
Luiz M. Leitão da Cunha

EDITORA
ALAÚDE

Título original: *Austin-Healey – A celebration of the fabulous 'Big' Healey*

O texto deste livro foi fixado conforme o acordo ortográfico vigente no Brasil desde 1º de janeiro de 2009.

PRODUÇÃO EDITORIAL: EDITORA ALAÚDE
Preparação: Temas e Variações Editoriais
Revisão: Claudia Vilas Gomes
Consultoria técnica: Bob Sharp
Impressão e acabamento: Ipsis Gráfica e Editora

EDIÇÃO ORIGINAL: HAYNES PUBLISHING
Edição: Warren Allport
Projeto gráfico: Bruce Aiken

1ª edição, 2016
Impresso no Brasil

Dados Internacionais de Catalogação na Publicação (CIP)
(Câmara Brasileira do Livro, SP, Brasil)

Piggott, Bill
Austin-Healey: A história de um clássico britânico / Bill Piggott; tradução de Luiz M. Leitão da Cunha. – São Paulo: Alaúde Editorial, 2016.
Título original: Austin-Healey: a celebration of the fabulous 'Big' Healey

Bibliografia.
ISBN 978-85-7881-345-1

Austin-Healey (Automóvel) - História 2. Automobilismo - História 3. Indústria automobilística - História I. Título.

16-00334 CDD-338.47629209

Índices para catálogo sistemático:
1. Austin-Healey: Indústria automobilística: História 338.47629209

2016
Alaúde Editorial Ltda.
Avenida Paulista, 1337,
conjunto 11, Bela Vista
São Paulo, SP, 01311-200
Tel.: (11) 5572-9474
www.alaude.com.br

CRÉDITOS DAS FOTOGRAFIAS

Revista *Autocar* 12 acima, à esquerda; 50 acima, à esquerda; 72 acima; 90; 139 acima, à direita
Revista *Classic & Sports Car* Capa; 108-109; 111; 114-115; 118-119; 124 acima, à direita
John Bowman 6; 9; 50 abaixo; 139 acima, à esquerda; 151; 158 dupla abaixo; 159 acima
Burmah Castrol Plc 107 acima
Revista *Cars Illustrated* 91 à direita
John Colley 16-17; 28-29; 30-31; 38-39; 42-43; 44-45; 60-61; 63; 64 acima; 65 acima e abaixo, à esquerda; 66-67; 72 abaixo; 73; 74-75; 76-77; 80 à esquerda; 84-85; 88-89; 91 à esquerda; 92-93; 98-99; 102-103; 104-105; 126-127; 128-129; 130-131; 136 as duas acima; 141 à esquerda; 142-143; 144-145; 148 à direita; 149; 150; 153
Coleção da Herridge and Sons 122 acima; 124 acima; 140 acima
Coleção de David Hodges 11; 18-19; 35 abaixo; 46 à esquerda; 83; 86 abaixo; 106 abaixo; 112; 113 abaixo; 116; 117 à esquerda; 120 acima; 123; 133; 134 à esquerda; 138; 139 abaixo; 140 abaixo
Bob Kemp 20-21; 23; 24-25; 50 acima; 54 abaixo; 87; 146 à esquerda; 157; 159 as duas abaixo
Arquivo LAT 8; 15; 47 acima; 48; 49; 51 acima; 56 abaixo; 57 acima, à esquerda e abaixo; 65 abaixo, à direita; 68 abaixo; 79 à direita; 80-81 principal; 86 acima, à esquerda; 95; 97; 101; 122 abaixo; 141 à esquerda; 146 à direita; 147; 152 à esquerda; 154 à direita; 155; 156
Fotografias de Lionel Clegg. Copyright Douglas Loveridge Publications. Fornecidas pela Bob Richardson Motoring Library. Editadas, comentadas e organizadas por Guy Loveridge 26-27; 55
National Motor Museum 34 abaixo, à esquerda; 36-37 principal; 40-41; 46 à direita; 47 abaixo; 52; 58 abaixo; 59; 68-69 principal; 82 à esquerda; 94 acima; 106 alto, à direita; 113 acima; 117 à esquerda; 120 abaixo; 121; 125; 132; 135
Bill Piggott 7; 78; 158 acima
Revista *Safety Fast* 148
Coleção de John Wheatley 35 acima, à direita; 53; 56 acima

Compartilhe a sua opinião
sobre este livro usando a hashtag
#AustinHealey
nas nossas redes sociais:

/EditoraAlaude
/EditoraAlaude
/AlaudeEditora

Sumário

Introdução

O Austin-Healey é, com certeza, um grande carro e, portanto, não poderia deixar de ter um livro em sua homenagem. Este clássico é tão apreciado por seus admiradores que mesmo os modelos comuns costumam ser negociados por somas consideráveis. Um Austin-Healey 3000 MkIII, por exemplo, chega a valer hoje bem mais do que um Jaguar E-Type em estado de conservação semelhante, e os raros modelos 100S ou um dos 3000 que correram pela fábrica podem alcançar cifras de até seis dígitos. A raça, consagrada por vitórias nas corridas, e uma beleza perene, além de bom desempenho e durabilidade, são algumas das características que não podem faltar aos grandes carros. Fora isso, eles devem ser agradáveis de dirigir. O "Big Healey" possui todos esses atributos. Se o MG P-Type com seu formato quadrado é o arquétipo do carro esporte britânico do pré-guerra, o Austin-Healey 100 não seria o seu equivalente do período pós-guerra? O modelo 100 de quatro cilindros de Donald Healey é um dos mais belos carros já concebidos, e sua beleza sobressai ainda mais no azul-claro metálico, como se pode notar em um dos modelos mostrados neste livro.

Embora de visual um pouco mais pesado e arrojado, os seis-cilindros também são belos. Seja qual for o modelo, de quatro ou seis cilindros, para a maioria dos entusiastas da marca, a principal característica que distingue os "Big Healeys" é a carroceria de formas arredondadas.

Os carros da marca participaram de inúmeras competições, entre as quais a de Le Mans de 1953, na qual dois deles se classificaram muito bem, destacando-se ainda o notável desempenho do modelo 100S em provas como a Mille Miglia e Sebring, além dos incríveis recordes de velocidade de Donald Healey e das inúmeras vitórias de pilotos amadores em corridas de clubes de fim de semana com seus carros de uso diário. No final da década de 1950, a participação passou a se concentrar nos ralis, primeiro com o modelo 100 de seis cilindros e, depois, com o 3000 — um dos carros mais bem-sucedidos nesse tipo de prova, tendo vencido os mais aguerridos rivais da Europa Continental nos ralis dos Alpes e Liège-Roma-Liège. Até hoje, quarenta anos depois, os Healeys 3000 se destacam nos ralis de carros históricos e estão entre os favoritos dos entusiastas. Um modelo 3000

Um carro clássico: o 3000 MkIII na cor verde British Racing, numa região campestre do País de Gales.

completo, com teto rígido branco de fábrica, canos de escapamento laterais, cruzando uma estrada com seu ronco maravilhoso é de encher os olhos.

Pouco depois do seu lançamento no Salão de Londres de 1952, o "Big Healey" já se revelara um sucesso de vendas. Mesmo em 1967, seu 16º e último ano de produção, quando já era considerado obsoleto, mais de 3.000 unidades foram vendidas. Certamente, não fosse o endurecimento das normas americanas de segurança e antipoluição no final daquele ano, o carro continuaria sendo fabricado por mais um bom tempo. Nunca faltaram compradores para os Austin-Healeys, nem mesmo durante a recessão de 1960-61. Desde seu lançamento, em 1953, até o fim da produção, em 1967, foram vendidos cerca de 72.000 carros no total: mais de 14.500 modelos originais BN1 e BN2 de quatro cilindros, e mais de 57.000 de seis cilindros. Não é pouco para um carro um tanto caro e diferenciado – uma excelente fonte de divisas para a Grã-Bretanha, com 90% da produção destinada aos Estados Unidos. Apesar de ter havido várias tentativas de dar-lhe uma sobrevida, nenhuma delas deu resultado, e o adorado "Big Healey" acabou sem um sucessor. Talvez tenha sido melhor assim; pelo menos, o carro foi poupado de ser desfigurado para se adaptar às exigências da nova legislação. Afinal, seria desagradável ver a beleza daquela carroceria comprometida por enormes para-choques de borracha (como ocorreu com o MGB), ou seu excelente motor com potência reduzida por um carburador Stromberg para menor emissão de poluentes; ou, ainda, um painel de instrumentos de "segurança" no lugar do tradicional com acabamento de madeira folheada do 3000 MkIII. Assim, a produção se encerrou com o carro inalterado, conservando a beleza com que os Healeys o projetaram.

Uma pequena observação a respeito da nomenclatura: como muitos, eu não gosto da designação "100/4", e evitei utilizá-la – a denominação correta do carro é, e sempre foi, "100". O carinhoso apelido de "Big Healey", criado por volta de 1964, se aplica tanto aos modelos de quatro como aos de seis cilindros, e foi assim, de forma genérica, que os utilizei aqui.

Apesar da tendência dos carros da década de 1950 a enferrujar, graças ao trabalho de restauradores especializados e à facilidade de obtenção de peças de reposição – maior hoje do que em qualquer outra época depois do encerramento da produção –, há atualmente uma quantidade razoável de modelos bem conservados.

O autor, aos 22 anos, ao volante do seu 100 no Natal de 1970. O 222 EMK era o meu único carro, com o qual eu cruzava diariamente a cidade de Londres. O aquecimento não funcionava, nem o overdrive; o para-brisa estava trincado, o capô, amassado, e não havia janelas laterais – mesmo assim, eu o adorava. Somente anos depois, vendo esta foto, percebi que o para-choque dianteiro não era original daquele modelo e, além disso, estava de cabeça para baixo!

TON 792
GRX 884D
OYE 898F
SJF 104
732 RRL

Um belo grupo de Austin-Healeys seis--cilindros: um 100-Six (SJF 104), um 3000 MkII Conversível (732 RRL), um dos mais recentes 3000 MkIII produzidos (OYE 898F), uma réplica do 3000 de rali da fábrica (GRX 884D) e um conhecido 100-Six outrora usado em corridas (TON 792).

Uma das mais belas combinações de cores, embora não fosse de série, é a "morango e creme" deste 100-Six, com uma capota rígida de fábrica, um carro adequado a quaisquer condições climáticas.

Agradecimentos

Foi um prazer ter tido a oportunidade de escrever este livro. Com fotografias atuais produzidas em estúdio e várias outras de arquivo dando cor a um texto escrito em ordem cronológica, creio ter produzido um livro interessante sobre esses carros maravilhosos.

Adquiri meu primeiro Austin-Healey, um Sprite "olho de sapo" emplacado como 2595 NX, quando estava na universidade, em 1969, e no ano seguinte comprei um 100 BN2, emplacado como SGF 645. Ambos foram adquiridos antes de eu passar a me interessar pelos Triumph TR, carros aos quais o meu nome costuma ser mais relacionado. Além desses, tive vários "Big Healeys", de todos os modelos (exceto o 100S) ao longo dos últimos trinta anos, mas o 100 de quatro cilindros sempre foi meu favorito. Com isso, adquiri bastante conhecimento prático sobre esses carros, mas necessitei da ajuda de várias pessoas para escrever este livro, como Mark Hughes (que o idealizou) e Steve Rendle.

John Colley produziu as fotografias em estúdio de quatro carros: o 100, 100-Six, 3000 MkI e 3000 MkIII, um esplêndido trabalho. O 3000 MkII foi fotografado antes por Tony Baker. Bob Kemp, fotógrafo profissional e responsável pelo Registro Sprite do Austin-Healey Club, foi um grande colaborador, em especial por seus conhecimentos de computação gráfica. Outros membros do Austin-Healey Club que contribuíram com este livro foram: John Bowman, John Wheatley (que verificou e revisou os manuscritos), Mike Ward (proprietário do 100-Six amarelo), Chris Parker (proprietário do BRG 3000 MkIII), Richard Poole (dono do MkI vermelho e preto) e Tony Walden (proprietário do 100 azul-metálico). Agradeço em especial a esses quatro por terem ido com seus carros maravilhosos até o estúdio de John Colley no frio intenso de dezembro.

As fotos de arquivo são do autor, da coleção de David Hodges, dos arquivos da Herridge and Sons, do National Motor Museum e do Arquivo Fotográfico LAT. Deste foram utilizadas, entre outras, fotos das revistas *Motor*, *Autocar*, *Autosport* e *Motor Sport*, além de outras, mais recentes, da *Classic and Sports Car*. Foi uma colaboração inestimável. Guy Loveridge gentilmente me autorizou a utilizar três preciosas fotos coloridas da década de 1950 feitas por Lionel Clegg, da Mintex, com certeza a única pessoa a dirigir um 100S novo pertencente a uma empresa. Sempre que possível, tentei utilizar fotos de arquivo "novas", mas não pude deixar de lançar mão de outras, já bem conhecidas, em alguns casos específicos.

Agradeço também a ajuda de Anders Ditlev Clausager, Graham Robson e Paul Skilleter, e também a de minha filha, Tessa Piggott, que se encarregou de digitar os manuscritos, decifrando minha péssima caligrafia.

A homenagem final é reservada aos saudosos Donald e Geoffrey Healey, que tive a felicidade de conhecer em 1979 e 1982. Sem esses homens e seu pessoal em Warwick, no começo dos anos 1950, o excelente "Big Healey" não teria sido criado.

Bill Piggott, Stamford, fevereiro de 2002

Projeto e desenvolvimento

As origens do Healey

O primeiro carro a levar o sobrenome de Donald Healey foi lançado em 1946, com grande sucesso. O novo modelo que começava a ser fabricado era um dos mais rápidos e modernos do mundo. O Healey Silverstone, um carro esporte, sobressai entre os vários produzidos pela Healey entre o final da década de 1940 e o começo dos anos 1950. Embora com pouco mais de cem unidades fabricadas, vários pilotos famosos começaram a carreira com um Silverstone. O próprio Healey ainda participava de corridas, apesar de já estar com mais de 50 anos em 1949, quando se classificou em segundo lugar geral no Rali dos Alpes. O modelo, muito versátil, podia ser utilizado tanto em corridas e ralis como no dia a dia nas cidades. Era de fato um carro muito rápido, que não ficava devendo nada nem mesmo ao XK120. O nome Healey, que já era bem conhecido no pré-guerra, ficou ainda mais popular diante do sucesso dos vários modelos lançados no pós-guerra. Devido à escassez de componentes e ao alto imposto sobre consumo, somente algumas centenas de Healeys foram vendidos. De qualquer forma, mesmo na ausência desses dois fatores adversos, a pequena fábrica de Warwick não teria sido capaz de atender à demanda potencial.

O protótipo do 100

Em oito anos, de 1946 a 1954, a Healey produziu somente 1.185 chassis. Depois, quando se associou à American Nash Corporation, a fábrica aumentou a produção e sua marca se tornou conhecida nos Estados Unidos, mas essa não era a solução ideal a longo prazo. Engenhoso e ambicioso, Healey queria produzir carros mais velozes e seguros, e em maior quantidade. Assim, no segundo semestre de 1951, um novo carro, menor e mais barato, começou a ser planejado. Contudo, havia incerteza a respeito da continuidade do fornecimento do pesado e alto motor Riley de 2,4 litros fabricado pela Morris Motors e utilizado em apenas um modelo. Era preciso fazer algo para que a empresa pudesse se desenvolver e aumentar as vendas no mercado americano, de grande potencial, que o próprio Healey já havia prospectado em viagens anteriores, e também para tornar os carros mais acessíveis. O carro devia ser resistente, compacto, de linhas simples, baixo custo, fácil de produzir e, acima de tudo, veloz. O Healey 100, além de ter todas essas características, foi um dos mais belos carros já produzidos, fruto dos esforços dos funcionários da fábrica de Warwick e do empreendedorismo e visão de Donald Healey.

Em 1951, a fábrica de Warwick ainda se dedicava à produção de chassis Healey convencionais, que utilizavam motores Riley ou Nash, mas Donald Healey, seu filho Geoffrey e seus colaboradores já vinham trabalhando em segredo no projeto do novo carro. Leonard Lord, presidente da Austin Motor Company, comprometeu-se a fornecer motores A90 em grandes quantidades por preços razoáveis. A empresa tinha um vasto estoque desses motores, produzidos para o Austin Atlantic, um carro que não teve boas vendas. Além dos motores, havia as caixas de câmbio, que, embora não fossem ideais para um carro esporte, eram satisfatórias se utilizadas com a sobremarcha (*overdrive*, pequena caixa multiplicadora da rotação da saída do câmbio) Laycock de Normanville de operação elétrica. A Austin também fabricava o eixo traseiro. O uso de três componentes mecânicos principais produzidos pela Austin trazia grandes vantagens, como disponibilidade de peças de reposição, confiabilidade, baixos custos e suprimento ininterrupto.

O desenvolvimento do chassi começou no início de 1952, com o engenheiro de chassis Barrie Bilbie trabalhando ao lado de Geoffrey Healey, enquanto Donald e o estilista Gerry Coker cuidavam do desenho da carroceria. A escolha recaiu sobre um modelo esporte de dois lugares com uma distância entre eixos um tanto curta, suspensão dianteira independente e molas traseiras convencionais. O novo chassi, tão bom quanto o dos modelos Healey anteriores, foi logo produzido pela John Thompson Motor Pressings. O projeto da carroceria demandava mais tempo e, embora Donald Healey soubesse o que queria, testou algumas alternativas com Gerry Coker antes de decidir qual seria o formato final. Ainda assim, Healey não estava satisfeito com a frente do novo carro. Felizmente, ele mudou de

Um Healey Silverstone – sua capota baixa restringe os movimentos do piloto – enfrenta o Passo do Stelvio durante o Rali dos Alpes de 1952. O estilo da grade do radiador é o mesmo do protótipo do Healey 100.

ideia, e também a intenção de adotar para-lamas rabo de peixe foi descartada. Como não havia equipamentos para a produção das carrocerias em Warwick, elas foram encomendadas ao encarroçador Tickford, que antes já havia produzido carrocerias de sedãs para a Healey. O carro foi montado na fábrica de Warwick no começo do segundo semestre de 1952 e aprovado logo depois de testado. O motor A90 tinha potência suficiente, e o *overdrive* proporcionava uma boa velocidade de cruzeiro e maior alcance. Bastante estável, o carro tinha freios eficientes e parecia econômico. A suspensão dianteira, muito melhor que os caros e complexos sistemas dos modelos anteriores, proporcionava bastante conforto de rodagem, em especial ao se tratar de um carro esporte de dois lugares. A cor escolhida foi o azul-claro metálico, que não só era elegante como também ajudava a disfarçar as imperfeições, normais no caso de uma carroceria de protótipo feita à mão. Essa cor teve uma aceitação tão grande que foi mantida por todo o tempo de produção dos Healeys, de 1953 a 1967. Os autores do projeto perceberam que tinham feito a coisa certa e sabiam que o carro podia atingir facilmente a velocidade máxima, de 160 km/h (100 milhas por hora, fazendo jus ao nome "100").

O próximo passo seria divulgar o carro. O Salão de Earls Court se realizaria no final de outubro, e alguns dias antes a Healey levou o protótipo à Bélgica, onde foi submetido a testes de velocidade, alcançando 170 km/h. Também foram convidados a testar o carro o correspondente de automobilismo do jornal *Daily Express* e John Bolster, o conhecido jornalista de testes da revista *Autosport*. Ambos tiveram uma boa impressão do modelo e o elogiaram em suas reportagens, publicadas ao mesmo tempo em que se realizava o Salão de Earls Court. A propósito, há uma controvérsia a respeito da placa KWD 947, atribuída ao Healey 100 durante aqueles testes iniciais. Os números dessa placa são, na verdade, de fevereiro de 1951, anteriores ao projeto do carro, e já haviam sido utilizados em um modelo Healey mais antigo. Um Healey 100 com a placa MWD 360 surgiu no começo de 1953 com os mesmos faróis em posição mais baixa e a grade do radiador "pontiaguda" do protótipo, mas com rodas raiadas. Agora sabemos que se tratava do mesmo carro, utilizando placas de outro veículo – sempre houve apenas um protótipo.

Chassi e subestrutura

Ao contrário de outros carros esporte daquela época e de épocas anteriores, o Healey 100 não tinha um chassi do tipo escada, pois a parede de fogo dianteira e seu arco de amarração eram integrados ao chassi. Isso dava bastante resistência e rigidez à frente do carro, uma característica que Healey, com razão, considerava essencial para o bom funcionamento da suspensão dianteira independente. As longarinas principais do chassi eram dois membros de seção de caixa fechada dispostos em posição longitudinal, distantes 381 mm um do outro, com um reforço central em formato de X. Na frente, os membros principais se uniam por uma travessa côncava em cujas extremidades encontravam-se os pontos de fixação dos amortecedores dianteiros, abaixo dos quais a parte superior das molas dianteiras se assentava. Quatro elementos laterais para a fixação da carroceria, dois de cada lado, eram soldados aos membros principais do chassi apontando para o seu centro. Na traseira, outra robusta travessa ligava os dois membros, onde eram também fixados dois suportes orientados para trás para a fixação da carroceria. Soldada à estrutura, a parede de fogo/painel dianteiro consistia em dois arcos formados por vigas de seção em U, reforçados por uma estrutura triangular invertida fixada na sua base, formando a placa de apoio dos pedais. A parte superior da parede de fogo unia-se à frente do chassi por duas fortes barras, uma de cada lado, aumentando a resistência em caso de impacto frontal.

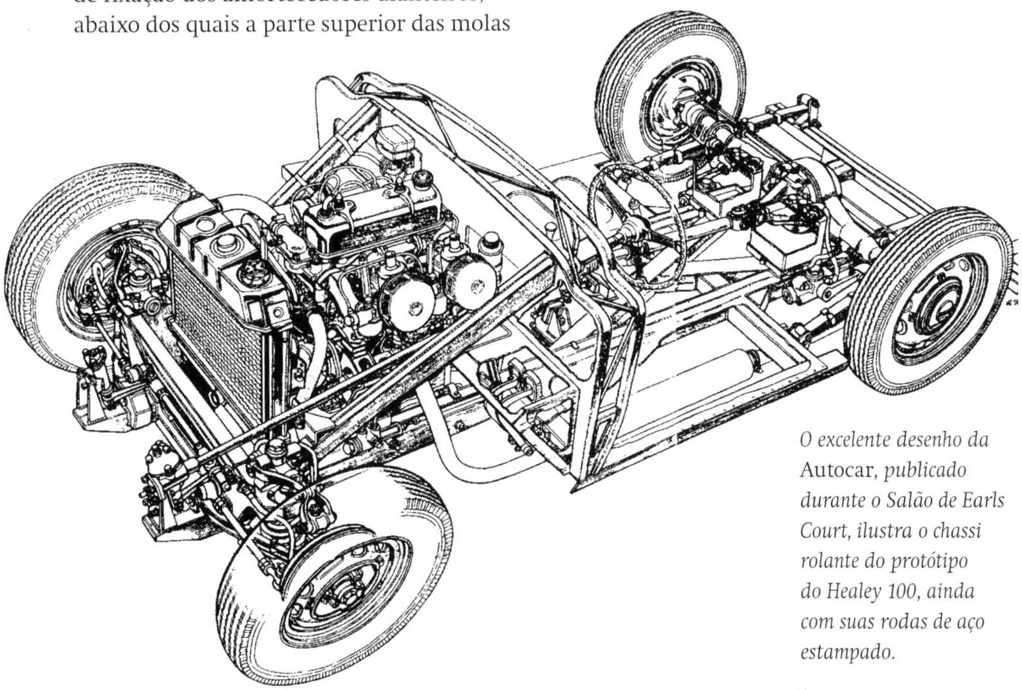

O excelente desenho da Autocar, *publicado durante o Salão de Earls Court, ilustra o chassi rolante do protótipo do Healey 100, ainda com suas rodas de aço estampado.*

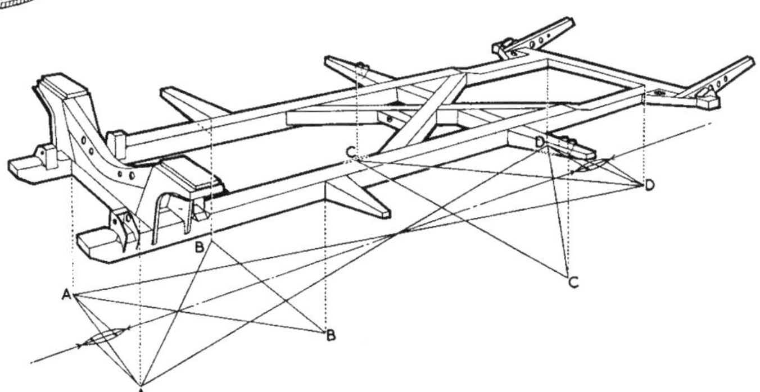

O chassi isolado, aqui em sua visão mais recente, quase não sofreu modificações enquanto o carro esteve em produção.

Uma bela carroceria

A carroceria do protótipo e dos vinte primeiros carros eram de chapa de liga leve para que a produção se iniciasse antes que o ferramental de estamparia para os painéis de aço estivesse pronto. Após a transferência da produção de Warwick para a fábrica da Austin em Longbridge, as portas e os para-lamas passaram a ser de chapa de aço, mas o capô e a tampa do porta-malas continuaram sendo de chapa de alumínio, até que o volume de produção aumentasse. Já os painéis dianteiro e traseiro sempre foram fabricados com esse material. Para evitar a reação natural do aço com o alumínio, que causava corrosão, a junção dos painéis era preenchida com material isolante, uma medida pouco eficaz, pois pontos de ferrugem costumavam surgir ao cabo de poucos anos. O painel dianteiro era fixado com parafusos, e o traseiro, rebitado a uma estrutura leve de aço, formando a parede de fogo traseira e o porta-malas. A parte interna dos para-lamas, as colunas dianteiras e intermediárias, as soleiras e os batentes das portas eram de aço. Para facilitar sua substituição, usaram-se parafusos para fixar os quatro painéis externos dos para-lamas. O capô dos modelos da série 100 era articulado na frente, e o dos demais, a partir do 100-Six, era mais longo, com articulação traseira. A tampa do porta-malas tinha articulação dianteira e cobria a tampa do bocal do tanque de combustível; a partir do modelo 100-Six, foi deslocada para o lado externo, no painel traseiro. A carroceria tinha um elegante vinco que se estendia pelas portas,

A montagem da carroceria do 3000. A do modelo 100 é semelhante.

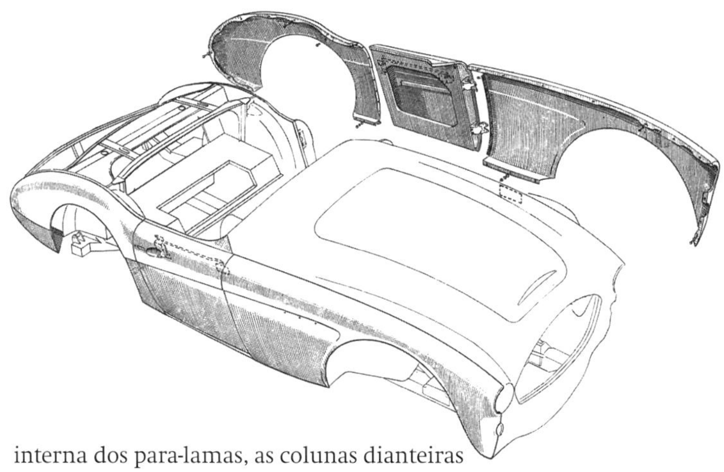

do para-lama traseiro ao dianteiro, formando uma linha divisória muito apropriada para a pintura em dois tons, bastante comum e que surgiu com o modelo BN2. Originalmente, essa linha acabava nos arcos das rodas, mas nos últimos modelos BN2 e subsequentes estendia-se até a parte de trás dos para-lamas traseiros. Os para-choques, as garras e a grade do radiador eram cromados, mas as portas não tinham maçanetas externas, que só surgiram com os modelos de seis cilindros.

Um para-brisa diferente

Uma característica especial dos modelos 100 quatro-cilindros, o para-brisa deitava até a horizontal. O modelo Silverstone, projetado por Donald Healey, tinha um para-brisa que se retraía para dentro de uma fenda no arco do painel para melhorar sua aerodinâmica em alta velocidade. Com essa mesma finalidade, Healey projetou para o 100 um dispositivo deslizante articulado, através do qual a base do para-brisa deslizava para a frente, permitindo que ficasse inclinado a partir da parede de fogo. Embora o sistema parecesse muito engenhoso, o autor pode assegurar aos que nunca dirigiram um Healey com o para-brisa abaixado que ele não era nada prático, pois direcionava o fluxo de ar para o rosto do motorista, tirando-lhe o fôlego e podendo até fazê-lo engolir algum inseto. É por isso que os para-brisas inclináveis dos Healey 100 que aparecem em fotografias de competições nunca estão na posição de "corrida".

Motor e transmissão

O motor do Healey 100 (ao lado, no desenho em corte) não era bem o de um carro esporte; ao contrário do Riley, seu precursor, não tinha sequer duplo comando de válvulas. Era simples, um comprovado quatro-cilindros de válvulas no cabeçote, muito utilizado no Austin A90 Atlantic, em camionetes, táxis e até mesmo no Austin Gipsy de tração nas quatro rodas. Entretanto, a versão que equipava o Healey tinha dois carburadores SU, considerados indispensáveis para os carros esporte britânicos da década de 1950. Utilizado no malsucedido Austin Atlantic, o motor que passou a equipar o Healey tinha uma potência de cerca de 90 cv a 4.000 rpm. Com baixa rotação e um curso de 111,1 mm, já fora de moda, suas vantagens ficavam por conta do baixo custo, da robustez, da confiabilidade e, acima de tudo, do enorme torque. Apesar do pico a 2.000 rpm, a curva de torque muito plana permitia ao carro arrancar facilmente da imobilidade em quarta a cerca de 500 rpm. Ainda que isso não fosse bem a arrancada "em alta rotação e ruidosa" dos carros esporte, tinha um grande charme.

Com cilindros de 87,3 mm de diâmetro e aquele longo curso, o quatro-cilindros de 2.660 cm³ era um dos motores de série de maior cilindrada da época. O virabrequim, de três mancais, girava sobre casquilhos finos, para maior durabilidade e facilidade de substituição. O limite de rotação do motor era 4.800 rpm, mas o autor nunca teve necessidade de exceder 3.500 rpm para arrancadas suaves e rápidas.

O motor tinha um desenho bastante convencional, com bloco e cabeçote de ferro fundido e válvulas atuadas por varetas e balancins. O comando de válvulas no bloco, movimentado por corrente, acionava também o distribuidor. O cabeçote, segundo o costume da Austin, tinha dutos geminados, dois de admissão e três de escapamento. As molas de válvulas eram duplas, embora isso raramente fosse necessário com um limite de rotação tão baixo. Os pistões de liga de alumínio tinham quatro anéis. O sistema de arrefecimento era convencional, com bomba d'água e ventilador, assim como o sistema de filtragem de óleo, do tipo fluxo total. A taxa de compressão era de apenas 7,5:1, considerada baixa até mesmo para motores do começo dos anos 1950, quando o fornecimento de combustível de boa qualidade, de alta octanagem, já havia sido restabelecido.

Embora não fosse nada empolgante, o motor se adequava muito bem ao Healey 100 e o tornava tão agradável de dirigir que nem mesmo os Healeys de seis cilindros o superariam neste aspecto. Além do baixo custo de manutenção, era resistente a excessos e às más condições, como as existentes nos mercados coloniais, e estava disponível de imediato.

Healey adotou também a caixa de câmbio de quatro marchas da Austin, projetada para uso com aquele motor – do contrário, haveria um grande atraso e o custo seria proibitivo. Entretanto, embora o motor atendesse às exigências de Donald Healey, a caixa de câmbio não suportava aquele

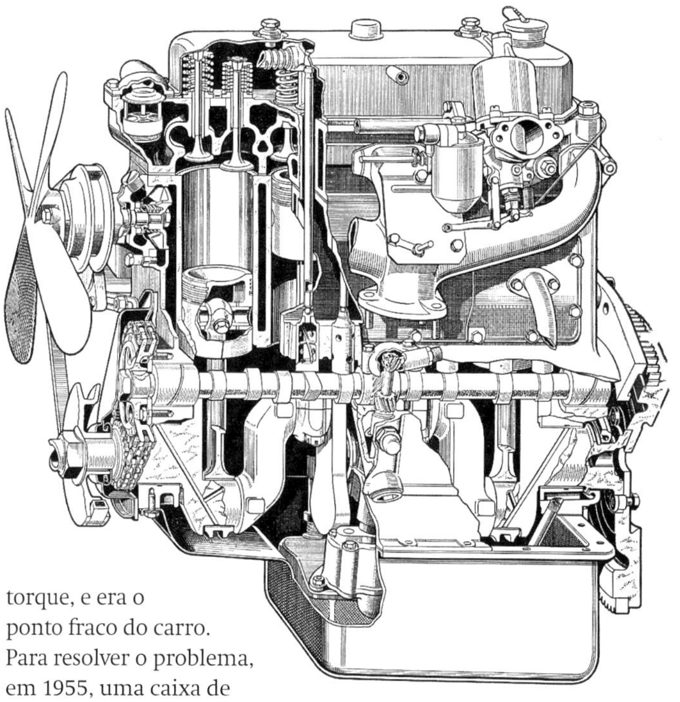

torque, e era o ponto fraco do carro. Para resolver o problema, em 1955, uma caixa de câmbio mais robusta foi adotada para o modelo 100 BN2. Sua primeira marcha também era muito curta, e como a caixa havia sido projetada para uso com alavanca na coluna de direção, o ponto de engate se tornou inadequado para a alavanca no centro do assoalho, como Healey desejava. Muita gente, observando a cabine do Healey 100, deve ter achado estranha a localização da alavanca de câmbio. As posições do H também eram invertidas em comparação à da maioria dos carros britânicos do pós-guerra. A primeira marcha, muito curta e não sincronizada, era desnecessária no caso de um carro leve como o 100, e foi desativada, porém sem a retirada da engrenagem — anos depois, alguns proprietários mandaram reativá-la. Com isso, a caixa de câmbio passou a ter apenas três marchas sincronizadas à frente — uma solução inteligente foi a adoção do *overdrive* Laycock de Normanville, que operava em segunda e terceira. Com isso, na prática, o carro tinha cinco marchas à frente, com o *overdrive* em terceira calculado para resultar em 38,3 km/h a 1.000 rpm, proporcionando uma velocidade de cruzeiro tranquila. O autor percebeu a importância do *overdrive* ao volante de seu 100 no inverno de 1970-71, quando o equipamento estava inoperante — embora isso não chegasse a ser um grande inconveniente no trânsito da cidade, os trajetos mais longos em estradas se tornavam penosos, além de haver maior consumo de combustível. A embreagem, do tipo monodisco a seco de 228 mm de diâmetro, apresentava uma característica incomum nos anos 1950: era operada por tirante, que tinha tendência a se desgastar e a apresentar folgas. A transmissão se fazia por um curto cardã Hardy Spicer. O sistema de escapamento, apesar da simplicidade, era posicionado muito baixo e costumava apresentar problemas após algum tempo, em especial depois que as molas traseiras cediam. O coletor, convencional de ferro fundido com três ramos, desembocava em um cano de escapamento ligado ao silenciador oval por uma problemática conexão flexível, presa sob o assoalho no lado do passageiro (nos carros com volante na direita), transmitindo bastante calor aos pés do ocupante. O cano passava sob o eixo e saía pelo mesmo lado. O ronco do escapamento era alto — em baixa velocidade, quase se podia distinguir as explosões do motor.

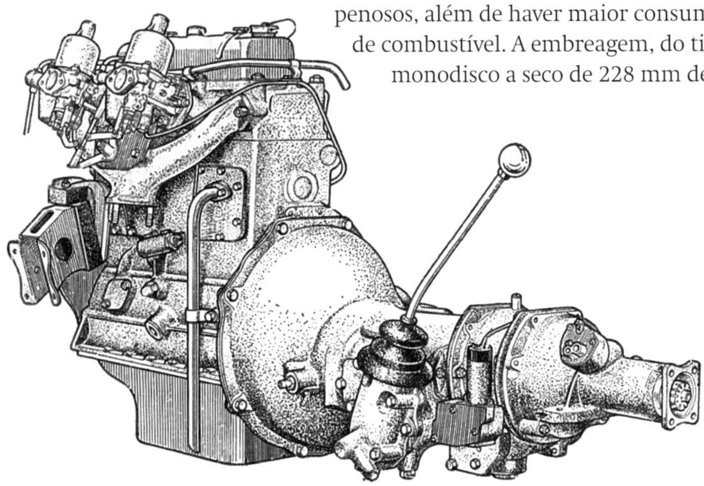

O motor do 100 com a caixa de câmbio. A alavanca sai da lateral da caixa e o overdrive *Laycock de Normanville é acoplado à parte traseira.*

Eixo e suspensão traseiros

Ainda para reduzir os custos, mais um componente fabricado pela Austin, que também equipava os sedãs A70, foi utilizado: um par cônico helicoidal, no início com a relação 3,667:1, adotada para o protótipo e os primeiros carros, passando depois a ser de 4,125:1. Alguns catálogos promocionais citam a relação 3,667:1 como opcional, mas ela raramente foi utilizada. O eixo traseiro rígido localizava-se por feixes de molas semielípticas, atreladas à travessa traseira e, pela dianteira, aos suportes laterais do chassi. O controle da suspensão ocorria por amortecedores de braço fixados nos membros principais do chassi. O único aprimoramento da suspensão ficou por conta de uma barra Panhard, que conectava o eixo ao chassi e impedia seu movimento lateral. Apesar de simples, essa configuração de suspensão proporcionava um conforto de rodagem e estabilidade superiores aos de outros carros da época, como os primeiros Triumph TR. Quando o modelo 100S de corrida, derivado do 100, foi desenvolvido, não houve necessidade de grandes modificações na suspensão, nem mesmo quando chegaram os mais pesados motores de seis cilindros.

Suspensão dianteira e direção

Os componentes dos sedãs Austin foram utilizados também na suspensão dianteira do 100, proporcionando a Donald Healey uma economia de custos ainda maior. Amortecedores de braço reforçados formavam o ponto de articulação dos braços triangulares superiores, sendo os inferiores articulados a partir de olhais fixados nos membros principais do chassi. Molas helicoidais e uma barra estabilizadora formavam o restante da suspensão. A Austin também fabricava o sistema de direção de setor e sem-fim. A caixa de direção, posicionada bem à frente, tinha uma coluna muito comprida, que contrariava todas as normas de segurança atuais. Na versão original, a coluna podia ser ajustada em distância, mas depois deixou de sê-lo, bem provável para reduzir o custo do carro. O grande e tradicional volante Bluemel era formado por três raios, cada um composto de quatro varetas de aço. No cubo, havia o botão da buzina e o interruptor do indicador de direção. Havia um braço auxiliar no lado oposto à caixa de direção, conectado por uma barra. Barras de direção laterais moviam os braços de direção e os cubos dianteiros.

Rodas e freios

No segundo semestre de 1952, quando foi levado à Bélgica para os testes de velocidade, o protótipo do Healey 100 estava equipado com rodas de aço estampado e calotas cromadas. Entretanto, embora as rodas raiadas com porca borboleta fossem opcionais cobrados à parte, todos os 100 de série saíam da fábrica com elas. Até o protótipo estava equipado com rodas raiadas quando foi apresentado no Salão do Automóvel. As rodas de 15 polegadas e 48 raios eram um tanto subdimensionadas para o peso e desempenho do carro, e vários proprietários as substituíram por modelos mais robustos de sessenta raios. Em geral, eram pintadas de prateado, mas alguns carros, em especial, os de exportação, possuíam versões cromadas. Os pneus eram, claro, diagonais, geralmente Dunlop Road Speed 5.90-15, com câmara, devido às rodas raiadas. Numa solução inteligente, o estepe se fixava na lateral atrás dos bancos e sob a capota abaixada, com uma parte saliente na cabine coberta por uma capa. Isso permitiu que o porta-malas fosse melhor aproveitado, mas ele se tornou menor nos modelos seis--cilindros de quatro lugares, lançados depois.

Outra diferença do protótipo em relação aos carros de série eram os freios. Utilizavam os tambores do Austin A70 (de 254 mm de

A capota

Os conversíveis da década de 1950, inclusive o Healey, não eram à prova de infiltrações. A capota em si era até que bem impermeável, mas a vedação junto às janelas laterais falhava. O protótipo tinha uma janela traseira pequena, mas a dos carros de série, bem maior, proporcionava uma boa área de visão. Quando recolhida, a capota e sua estrutura ficavam em um espaço atrás dos bancos e erguê-la era uma tarefa complicada. Dois fechos externos, um de cada lado, prendiam seu trilho dianteiro à parte superior do para-brisa. Ganchos prendiam as janelas laterais a orifícios na parte superior das portas, e eles se desprendiam sob a pressão do ar em alta velocidade. Além disso, tornavam a cabine muito apertada. Na sua origem, as janelas laterais, de placas de acrílico, um tanto curvas, foram logo substituídas por placas também de acrílico, com uma parte móvel articulada na parte inferior, para facilitar a sinalização com as mãos e o acesso às maçanetas internas. Havia também uma capa para o habitáculo, de série, com um zíper central meio desalinhado. A fábrica não chegou a lançar um teto rígido para o Austin-Healey 100, mas o acessório era oferecido por um fabricante independente. No entanto, não combinava muito bem com o carro, além de ser muito caro.

diâmetro) nas quatro rodas, com acionamento hidráulico, os dianteiros com duas sapatas primárias cada um. Entretanto, embora segundo informes da época estes fossem considerados adequados, os carros de série vinham equipados com tambores de 279 mm de diâmetro nas quatro rodas, os quais se revelaram muito eficientes, ainda que não fossem servo assistidos. Além disso, preenchiam melhor o espaço atrás das rodas raiadas, e isso parecia agradar a Donald Healey. A alavanca do freio de estacionamento comprida conferia ao carro um potente freio secundário, acionando os tambores traseiros por meio de uma combinação de varão e cabo.

O resultado final

É surpreendente que há mais cinquenta anos um carro como o Healey 100 tivesse sido criado em tão curto prazo — o protótipo foi construído em pouco mais de um ano, e seis meses mais tarde a produção já havia se iniciado. É verdade que o modelo utilizava várias peças Austin já existentes, e seu projeto não trazia nenhuma inovação mecânica, mas, ainda assim, levar o carro da prancheta à linha produção em tão pouco tempo foi uma grande realização. Em comparação, o Triumph Sports teve de ser totalmente redesenhado antes de ser lançado, também no Salão de Londres de 1952, e o desenvolvimento do MGA levou cerca de quatro anos. Donald Healey e sua equipe criaram um modelo de carroceria esporte belo e de grande praticidade, que se manteria sempre atual. O carro consumia pouco combustível, tinha bom desempenho e manutenção simples. Permaneceu em produção durante quinze anos em seu formato básico e continuaria sendo fabricado não fossem as restrições impostas pela legislação. Healey sabia como poucos identificar as preferências dos consumidores, ainda que nem eles próprios soubessem o que queriam até verem o resultado final. Além disso, Healey contava com Gerry Coker, um estilista que sabia interpretar seus conceitos e ideias. O Healey 100 tinha lá seus defeitos: uma caixa de câmbio talvez pouco adequada, além do persistente problema da baixa altura em relação ao solo, que levava à perda frequente de canos de escapamento. Mas seu belo visual compensava tudo isso. Foi certamente por isso que Leonard Lord logo agarrou a oportunidade de associar o nome da Austin àquele carro maravilhoso.

O protótipo do Healey 100 com a capota original e a minúscula janela traseira. As rodas ainda são de aço estampado, portanto, esta foto deve ser anterior ao Salão de Londres de 1952. À exceção de alguns detalhes, esta já é a forma definitiva do carro.

AUSTIN-HEALEY

100

1952–1956

1952
O fim do segredo

Em 1952, quando a Grã-Bretanha se recuperava dos tempos de austeridade da guerra, surgiam os primeiros sinais do que viria a ser a chamada sociedade de consumo. O Salão de Earls Court daquele ano já mostrava as novas tendências: os carros de cores pesadas, como cinza e preto, davam lugar a novos modelos em tons mais alegres, e entre eles estava o Healey 100, que logo viria a se tornar o Austin-Healey. Este belo carro foi durante anos um clássico do segmento de modelos esporte de preço intermediário. Além de bonito, era rápido, prático e, acima de tudo, acessível — até mesmo à classe média. Antes da Segunda Guerra Mundial, os carros esporte bons e rápidos eram muito caros, mas agora havia o novo Austin-Healey ao alcance de um número maior de pessoas.

O protótipo do 100, fotografado antes do Salão do Automóvel de 1952, pois ainda está equipado com rodas de aço estampado. Note o engenhoso mecanismo do para--brisa inclinável. Os pequenos adornos cromados na lateral dos para-lamas dianteiros foram mantidos até o fim da produção do Austin-Healey, em 1967.

Dois carros esporte rivais

O Salão de Earls Court de outubro de 1952 foi um evento tão importante para os carros esporte britânicos quanto o Salão de 1948, quando houve o lançamento do Jaguar XK120, o primeiro carro esporte de dois lugares realmente moderno. Na ocasião, foram lançadas duas linhas de carros britânicos de dois lugares que se tornariam grandes rivais pelos próximos quinze anos. No estande da Standard-Triumph, estava exposto o modelo esporte 20TS, de baixo custo e precursor do TR2, muito mais avançado; no da Healey estava o novo e belo 100. Apenas uma unidade de cada um daqueles carros havia sido produzida, mas o Healey já havia percorrido uma boa distância em testes de rua, um deles realizado por um importante jornal especializado, tendo ultrapassado a velocidade de 160 km/h; além disso, foi concebido por um famoso piloto de corridas e ralis com trinta anos de experiência. Já o Triumph não tinha esse histórico: não havia ido a lugar algum e seu hodômetro registrava apenas 5 km rodados. Para ser mais exato, logo depois a Standard--Triumph aprimorou o carro, que se tornou o modelo TR2, este sim um concorrente à altura do Healey.

O Healey se torna o Austin-Healey

No início, Donald Healey resistiu à ideia de expor seu carro no Salão de Earls Court porque, apesar das várias modificações feitas, ainda não se sentia satisfeito com o visual da dianteira. Em sua biografia, ele diz ser verdade que mandou colocar o carro próximo a uma grande pilastra para tentar ocultar sua frente. Apesar disso, o público logo notou o Healey e gostou bastante dele – que foi de fato a sensação do Salão naquela cor azul-claro. A imprensa e os grandes empresários do setor automobilístico também ficaram encantados com o carro, e houve entre estes quem quisesse adquirir os direitos sobre o projeto. Segundo se diz, Leonard Lord, da Austin, que havia acabado de se associar à Morris, dando origem à British Motor Corporation, teria olhado o carro e dito: "Nós vamos conseguir!" Não foi bem assim, pois Lord e seus auxiliares haviam mantido negociações com a Healey Motor Co durante um bom tempo a respeito do fornecimento de componentes mecânicos e, portanto, deviam estar a par dos planos. Entretanto, pode ser que Leonard Lord tivesse visto o carro pela primeira vez naquela ocasião. Donald Healey se recorda de ter discutido naquela noite um pré-acordo estabelecendo que a Austin assumiria a produção, pagando *royalties* à Healey, além de um montante referente aos gastos com custos de desenvolvimento que já tinham sido desembolsados.

Donald percebeu pela reação geral que os poucos funcionários de sua pequena fábrica em Warwick não iriam dar conta de atender à demanda e imaginou que teria de se associar a uma empresa. Concluiu que não poderia haver melhor parceiro do que seu principal fornecedor de componentes. Pouco depois, a imprensa noticiava o acordo com a Austin, e nascia o Austin-Healey. O carro de demonstração, até então o único, foi lançado ainda com o emblema original da Healey Motor Co. Mas logo Gerry Coker desenhou um novo emblema para o Austin-Healey, que foi produzido e instalado no carro antes do final do Salão. A associação permitiu reduzir em 100 libras o preço básico, sem impostos – de 850 libras, o Healey passou a custar 750 libras. Entretanto, a redução de preço não foi repassada aos consumidores antes de meados de 1953. Havia centenas de pedidos de compra, e, após o encerramento do Salão, começou-se a pensar no que fazer para dar conta de atendê-los.

Donald Healey (à direita) e Leonard Lord no protótipo, ainda com o emblema original Healey, no Salão de Londres de 1952.

Modificações para a produção

Donald Healey (à direita) e Leonard Lord, da Austin, com o primeiro Austin-Healey produzido em Warwick. Note que a posição dos faróis era um pouco mais alta em relação ao protótipo, a ponta da grade foi arredondada e os freios eram maiores, de 279 mm.

No início, Healey pretendia produzir vinte carros por semana, uma quantidade da qual os construtores da Tickford podiam dar conta. Quando a projeção do volume de produção passou para de 100 a 120 unidades por semana, foi necessário encontrar mais um fornecedor. A Austin tinha um contrato com os irmãos Jensen, de West Bromwich, para as carrocerias do modelo esporte A40, cujas vendas não iam muito bem, e decidiu rescindi-lo, liberando a Jensen para fabricar as carrocerias do Austin-Healey em quantidade suficiente para atender ao aumento da produção. O resultado dessa parceria foi tão bom que a Jensen continuou produzindo as carrocerias do Austin-Healey por quinze anos, chegando a atingir picos de produção de duzentas unidades por semana.

No final de 1952, a Austin e a Healey se viram diante da necessidade de dispor de alguns carros para exibição em salões de exposição, especialmente nos Estados Unidos, que seria o principal mercado do novo modelo. A Austin e a Jensen não tinham condições de iniciar a produção e a montagem das carrocerias antes de meados de 1953, então, ficou decidido que a fábrica de Warwick montaria alguns carros para demonstração, desenvolvimento e competição. Algumas fontes dizem que foram produzidos 25 carros para esse fim; outras falam em apenas vinte. Geoffrey Healey, filho de Donald, cita quinze números de chassis referentes a modelos de série montados em Warwick, além de mais quatro de corrida, denominados com eufemismo carros "especiais de teste". Esses primeiros Austin-Healeys foram produzidos pela Jensen com painéis externos de liga leve, que os tornavam mais duráveis e, consequentemente, mais disputados depois do que os fabricados em Longbridge.

No final de 1952 e começo de 1953, houve várias reuniões entre as equipes da Healey e de Longbridge. A pequena firma havia desenvolvido o protótipo sem grandes dificuldades, mas reunir e organizar todo o maquinário e ferramental, além do estoque de componentes e da seleção de funcionários para a produção em série era um grande desafio. Foram feitos desenhos detalhados de todas as partes do carro, e se verificou a necessidade de modificações, algumas delas determinadas pelos testes, e outras para facilitar o processo de fabricação em série. As principais alterações foram a elevação da altura dos para-lamas dianteiros e da posição dos faróis em 50 mm para adequação às normas, a substituição das rodas raiadas de 15 polegadas, que passaram a ser de aço estampado de 16 polegadas, o arredondamento da ponta da grade do radiador e o aumento do diâmetro dos tambores de freio de 254 mm para 279 mm em todas as rodas.

Barry Bilbie era o encarregado-geral da produção dos chassis; Gerry Coker, o responsável pelas carrocerias, e Roger Menadue, que dirigia o departamento experimental da Healey, discutia com a Austin a racionalização do processo de produção. A oficina experimental também havia começado a desenvolver e montar o Austin-Healey 100S de corrida, considerado muito importante para a divulgação e promoção do novo carro. Donald e Geoffrey Healey trabalharam duro sete dias por semana naquele fim de ano, cuidando de todos os detalhes do projeto — do relacionamento com a Austin, envolvendo questões de desenvolvimento e engenharia, às vendas e à publicidade. Além de todo o trabalho com o 100, a fábrica de Warwick ainda estava produzindo algumas unidades do caro chassi Healey para carrocerias produzidas por terceiros. No período de 1952-1953, os consumidores podiam adquirir tanto o Healey quanto o Austin-Healey, embora para este não houvesse prazo de entrega definido.

Uma fotografia retocada do protótipo foi utilizada na capa de um dos primeiros catálogos para o mercado do Reino Unido.

Detalhes de um dos primeiros catálogos do 100, ainda ilustrado com o protótipo, que já estava equipado com rodas raiadas.

A opinião da imprensa automobilística

"Um carro esporte britânico de preço intermediário e realmente novo, com uma excelente relação peso-potência e velocidade máxima superior a 170 km/h – com certeza, um grande gerador de divisas, que vai revolucionar os padrões de custo-benefício em sua classe, o modelo é a maior novidade dos últimos tempos." John Bolster, *Autosport*.

"O novo Healey 100 tem um visual muito agradável, com linhas suaves – um belíssimo conversível dois-lugares, projetado para preencher a lacuna existente no mercado de carros esporte, em especial nos de exportação." *Autocar*.

"Um modelo esporte de dois lugares com preço bastante competitivo, desempenho excepcional e muito econômico – um dos carros esporte mais interessante do Salão de Earls Court." *Motor*.

"O carro esporte do ano – a sensação do Salão –; os entusiastas certamente ficarão encantados com suas especificações." Bill Boddy, *Motor Sport*.

Comparando o Austin-Healey 100 a seus rivais

Estes são os modelos que havia no mercado de carros esporte em 1952, quando o 100 foi lançado. As três colunas trazem os preços básicos no Reino Unido (sem impostos) em ordem crescente, a velocidade máxima e a aceleração de 0-96,5 km/h. Mesmo ao preço inicial de 850 libras, o Austin-Healey era de longe o carro mais barato do mercado entre os de velocidade máxima superior a 160 km/h, e sua vantagem se tornou ainda maior quando o preço foi reduzido para 750 libras. Depois de passar por uma série de modificações, o Triumph o superou neste quesito. O desempenho do Healey, tanto em termos de aceleração como de velocidade máxima, não estava muito aquém do Jaguar, que era muito mais caro, e praticamente se igualava ao do Frazer Nash, que, considerando os impostos, custava cerca de três vezes mais. Observe a ausência de carros esporte da Europa continental no mercado do Reino Unido no final de 1952. Embora fosse possível importar esses modelos por conta própria, a um custo exorbitante, e em geral apenas com volante de direção na esquerda, era muito raro encontrar um deles.

PREÇO BÁSICO REINO UNIDO (EM LIBRAS)

530	MG TD MkII
555	Triumph 20TS Sports
565	Morgan Plus Four
800	Allard Palm Beach
825	Jowett Jupiter
850	Austin-Healey 100
	(reduzido para 750 libras em 1953)
1.130	Jaguar XK120 Roadster
1.750	Aston Martin DB2
1.950	Frazer Nash Targa Florio Sports

VELOCIDADE MÁXIMA

Jaguar XK120 Roadster	193 km/h
Frazer Nash Targa Florio Sports	185 km/h
Aston Martin DB2	177 km/h
Austin-Healey 100	171 km/h
Jowett Jupiter	144 km/h
Triumph 20TS Sports	144 km/h
(estimativa, pois o modelo 20TS nunca foi testado)	
Allard Palm Beach	140 km/h
Morgan Plus Four	138 km/h
MG TD MkII	125 km/h

ACELERAÇÃO (0-96,5 KM/H)

Jaguar XK120 Roadster	9.9 s
Frazer Nash Targa Florio Sports	10,4 s
Austin-Healey 100	10,9 s
Aston Martin DB2	12,4 s
Triumph 20TS Sports	15,0 s
(estimativa, pois o modelo 20TS nunca foi testado)	
Allard Palm Beach	16,9 s
Morgan Plus Four	17,9 s
Jowett Jupiter	20,4 s
MG TD MkII	23,5 s

A tentativa de esconder o carro

Donald Healey e seu projetista de carrocerias, Gerry Coker, passaram muitas horas aperfeiçoando as formas do seu novo carro esporte. Embora a grade do radiador fosse parecida com a que fora utilizada antes no Healey, porém menor, Donald Healey não estava contente com o visual da frente do novo modelo, até seu lançamento no Salão de Londres, em 1952. Segundo se diz, ele estava tão preocupado com esse detalhe que na véspera da inauguração do Salão ainda não havia decidido se iria apresentá-lo. Apesar da sua indecisão, um grupo de funcionários graduados se encarregou de levar o carro para Earls Court pela manhã. Donald Healey não gostou nem um pouco de saber que o carro havia sido levado sem o seu consentimento. Diante do fato consumado, ele resolveu posicionar o 100 no estande com a frente próxima a uma coluna para que não pudesse ser observado de frente — preocupação totalmente desnecessária.

A frente do protótipo, com a qual Donald Healey havia se preocupado sem necessidade. Note a discreta "ponta" da grade, um resquício dos modelos Healey anteriores.

1953
O sucesso do Healey nos Estados Unidos

Donald Healey sempre soube que o grande mercado para seu modelo de dois lugares estava do outro lado do Atlântico, nos Estados Unidos, que ele conheceu muito bem depois de várias viagens. Disposto a lançar o carro em grande estilo nos Estados Unidos, Healey foi para lá com quase todo o lote inicial de modelos 100 produzidos artesanalmente. O modelo percorreu todo o país e foi exibido em vários salões importantes. O próprio Healey o demonstrou em autódromos; o carro apareceu nas revistas, mesmo nas não especializadas em automóveis. Seu criador foi entrevistado no rádio, na TV e na mídia impressa. Todos em Hollywood viram aquele carro e o queriam – afinal, na época, todo mundo tinha um XK. O Healey 100 era bonito e muito bem projetado e tinha tudo para agradar o exigente mercado dos carros esporte, especialmente o americano. O problema seria atender à demanda – um doce dilema, que logo seria resolvido através do acordo com a Austin.

Alguns dos funcionários com um dos primeiros chassis do Austin-Healey 100. Note o comprimento da coluna de direção e a posição das duas baterias de 6 v, logo adiante do eixo traseiro — isso ajudava a distribuir o peso, mas dificultava o acesso a elas.

A numeração dos chassis do Healey 100

O protótipo que foi emplacado como KWD 947 e MWD 360, tinha o chassi JM-4021-1. O primeiro dos vinte modelos 100 de Warwick recebeu o chassi BN1L 133234 (número de fábrica da Healey AHX2), e a série terminou em BN1 134379 (AHX20), embora apenas uma pequena parte dessa numeração tenha sido atribuída aos Healeys, pois a Austin utilizava a mesma série para outros modelos — que confusão para os historiadores! BN1 era o prefixo atribuído pela Austin ao modelo 100, e o sufixo L indicava volante na esquerda. O primeiro Austin-Healey de Longbridge foi o BN1L 138031, e o último modelo BN1 foi o BN1 228026. O primeiro modelo BN2 recebeu o número BN2 228047, e o último 100 produzido foi o BN2L 233455, em 16 de julho de 1956.

Sem opcionais!

O Austin-Healey 100 tinha rodas raiadas, *overdrive*, capa do habitáculo e até aquecedor de série — este um equipamento de série raro em 1953. Em consequência, quando os carros começaram a ser vendidos, não havia nenhum opcional de fábrica. Mais tarde isso viria a mudar, mas, em 1953, o Healey só estava disponível assim — sem opcionais.

Os carros "especiais de teste"

Quando o acordo para a fabricação do Austin-Healey foi selado, no Salão do Automóvel de 1952, decidiu-se que a participação em corridas seria fundamental. Assim, quatro carros do primeiro lote de modelos 100 produzidos em Warwick seriam de corrida, mas a Austin preferia chamá-los carros "especiais de teste". Três deles tinham o mesmo visual dos Austin-Healeys de série, mas o outro era um carro de corrida sem disfarce, com apoio de cabeça aerodinâmico e saias nos para-lamas traseiros. Os três primeiros foram emplacados como NOJ 391, 392 e 393 e participaram da Le Mans; os dois primeiros correram também na Mille Miglia. Donald Healey fazia questão de que os carros fossem o mais parecidos possível com os modelos de série, e por isso eles tinham até para-choques, embora de liga de alumínio. Dizia-se até que os motores não tinham nenhum preparo, mas não é possível que não fossem ao menos otimizados. Segundo Geoffrey Healey, embora os motores Austin A90 tivessem uma potência nominal de 90 cv, a maioria deles desenvolvia 94-95 cv quando medidos. Há divergências a respeito da potência dos carros da Le Mans em 1953: segundo algumas pessoas, os motores eram de série, enquanto outras diziam que eram equipados com dois carburadores maiores e desenvolviam até 102 cv, um preparo que seria usado no modelo 100M Le Mans de 1955. Acredita-se que os três carros "NOJ" existam até hoje, o que é surpreendente, tratando-se de carros de corrida fabricados há mais de cinquenta anos.

A estreia nas pistas

Ao que se saiba, a primeira corrida da qual um Austin-Healey 100 participou foi o Rali Lyons-Charbonnières, em março de 1953, com Gregor Grant e Peter Reece, da revista *Autosport*. Healey lhes havia cedido o protótipo, emplacado como MWD 360 em 6 de novembro de 1952. O carro teve um bom desempenho, mas foi prejudicado pela pavimentação irregular, que causou a quebra do suporte de um dos amortecedores. Apesar disso, os pilotos conseguiram terminar o percurso de 2.000 km. No final de abril de 1953, realizou-se a Mille Miglia, uma corrida familiar para Donald e Geoffrey, da qual haviam participado diversas vezes, pilotando ou inscrevendo seus carros. Dois daqueles carros "especiais de teste" foram inscritos na prova: o NOJ 391 e o NOJ 392. Um deles quase chegou ao final do percurso, mas o outro teve de abandonar a prova ainda no começo, ambos por problemas nos

A equipe Healey com seus quatro carros alinhados para a Le Mans, em 1953. Os dois Nash Healey de carroceria especial estão à direita, com os dois NOJ "especiais de teste" à esquerda. Infelizmente, a bela pintura verde-clara não era de série. Roger Menadue está de pé, à porta do carro de número 34.

O pátio do castelo que Healey e equipe utilizaram como base na Le Mans de 1953. Geoffrey Healey e a equipe não dispunham de muitos recursos ali. O tanque de combustível de grande autonomia é visível no interior do porta-malas do carro 34 (NOJ 392). O Healey azul-claro é o MWD 360, o protótipo que Donald Healey utilizou como carro pessoal. Também aparecem aqui o Jaguar XK120 de Lionel Clegg, da Mintex, autor da foto, e a perua Commer amarela utilizada pelos engenheiros de sistemas de freios da Mintex. O NOJ 391 aparece parcialmente ao alto, à esquerda, além dos dois Nash Healeys.

comandos do acelerador, que quebraram, e na embreagem. No entanto, aqueles carros nunca haviam participado de uma corrida, e inscrevê-los na Mille Miglia foi como "jogá-los aos leões".

A experiência proporcionou um bom aprendizado, posto em prática alguns meses depois, na corrida 24 Horas de Le Mans. Os motores receberam certo preparo para a prova, que depois foi aproveitado no kit 100M Le Mans. Os três carros emplacados como NOJ foram levados à França, o que foi providencial, pois o NOJ 391 se envolveu em uma colisão antes da corrida. Com isso, suas peças foram retiradas e utilizadas no NOJ 393, para formar um carro melhor para a corrida. Desta vez, os problemas de Mille Miglia não se repetiram; os dois carros, que eram os menos preparados da prova, tiveram um desempenho razoável, chegando em 12º e 14º lugar na classificação geral. Além disso, se classificaram em segundo e terceiro lugar em sua classe — uma estreia e tanto.

O motor do 100, de série, com o grande ventilador e os filtros de ar certos, tipo tambor. Os motores eram geralmente pintados de cinza-esverdeado, cor que a Austin chamava "cinza poeira de aço".

Uma foto clássica do 100 em sua cor mais tradicional, o azul-claro metálico Healey. As janelas laterais têm abas articuladas para sinalização, e as rodas com 48 raios são de série. O cano de escapamento, encurvado para cima, é característico do carro.

Embora o 100 fosse um carro de dois lugares, era possível levar uma criança sentada sobre o acolchoado entre os bancos, em caso de extrema necessidade. Observe como a capota se ajusta à carroceria de forma harmoniosa. As capas dos bancos, geralmente de cor contrastante, eram de couro com frisos, mas as demais partes tinham acabamento de vinil.

O emblema "100" era diferente, com a figura de um "raio". Os números eram pintados de vermelho. Note também o friso preto na junção entre o painel dianteiro e a saia.

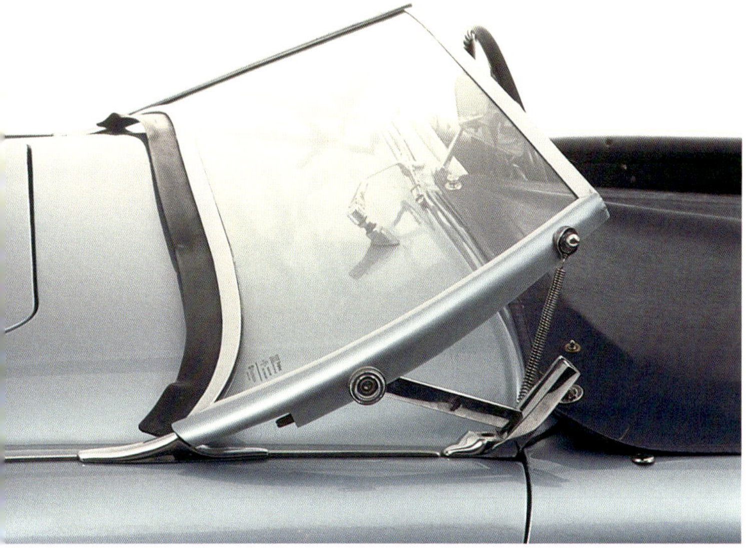

O engenhoso mecanismo concebido por Donald Healey e Gerry Coker, que permite inclinar o para-brisa. O botão dentado o mantinha travado na posição, com o auxílio da mola que tensionava o topo da coluna do para-brisa. Observe a pequena haste próxima à base da coluna do para--brisa – ela se encaixa no suporte cromado quando o para-brisa está levantado.

O estepe era acomodado sobre uma prateleira, deixando o espaço do porta-malas livre. A parte superior do tanque de combustível formava o assoalho do porta-malas, dentro do qual havia o bocal de abastecimento. Com isso, a tampa do bocal ficava protegida, mas um eventual vazamento de combustível poderia danificar a bagagem. Havia espaço suficiente para ferramentas e sacolas na lateral, na traseira e também na prateleira, à esquerda do estepe, na qual havia ainda uma chave geral das baterias.

Feito para correr! O para-brisa reclinado permite ver como o carro era baixo, especialmente para o começo dos anos 1950. Era preciso ter cuidado para não acionar os limpadores com o para-brisa nessa posição, pois isso poderia causar a queima do motor. A junção entre os para-lamas de aço e a saia traseira de alumínio era preenchida com um material isolante para prevenir a corrosão dessas partes.

O pequeno friso cromado do para-lama dianteiro está na posição correta aqui, com a extremidade mais estreita voltada para a frente. É comum vê-lo invertido, mesmo em carros muito bem restaurados. O detalhe estava presente em todos os "Big Healeys" produzidos até 1967.

Todos os Austin-Healeys 100 eram equipados com rodas de 48 raios com porcas-borboleta de série. Os tambores de freio de 279 mm costumavam ser prateados, e não pretos.

O painel de instrumentos era funcional, mas muito simples; não havia sequer um amperímetro, e os medidores de temperatura da água e pressão do óleo eram reunidos numa mesma peça. O acionador do overdrive está à esquerda do volante, com o medidor de combustível à direita. O velocímetro marcava até 193 km/h, e a faixa vermelha do conta--giros, acionado por cabo, situava-se a meras 4.800 rpm. Observe a posição da mola com o para-brisa na posição levantada.

Esta elegante capa do habitáculo era de série, mas, por algum motivo, tinha a extremidade muito rente à parte superior da porta, o que permitia a entrada de água. Talvez a finalidade disso fosse permitir o uso simultâneo das janelas laterais. Os furos de encaixe das presilhas das janelas estão visíveis no topo da porta.

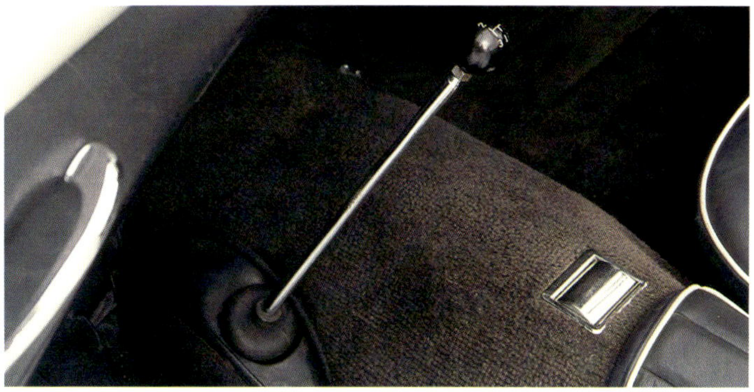

A estranha posição da alavanca de câmbio do Healey 100 BN1. Ela ocupava a mesma posição nos carros com volante na esquerda, porém bem mais próxima do motorista. Nesses casos, a alavanca era um pouco mais curta.

A manopla redonda traz as indicações das marchas à frente e à ré, com a segunda e a última marcha mais afastadas do motorista (nos carros com volante na direita). Havia uma alça de apoio do lado do passageiro e um cinzeiro ao centro.

O primeiro recordista

O grande interesse de Donald Healey no programa de competições do 100 eram as provas de recorde de velocidade, nas quais ele se superou a cada ano entre 1953 e 1956. Em setembro do primeiro ano, o quarto carro "especial de teste" foi levado a Bonneville Salt Flats, nos Estados Unidos, onde se encontrava também um 100 de série, obtido de um concessionário americano. O carro "especial de teste" foi preparado para disputar o recorde na Classe D Internacional, enquanto o modelo de série participou das tentativas de quebrar o recorde dos carros americanos normais de série – para isso, tinha de ser original de fábrica. Entre as modificações feitas no carro "especial de teste", havia o primeiro cabeçote de liga leve projetado pela Weslake, que viria a ser utilizado no modelo 100S, lançado no final de 1954. Com esse preparo, o motor tinha uma potência superior a 130 cv. O carro foi equipado com freios a disco Dunlop, que eram uma novidade na época, tanque de gasolina de maior capacidade e um diferencial bem mais longo. Uma saia nas rodas traseiras melhorou o perfil aerodinâmico, e com essa configuração o modelo excedeu a velocidade de 230 km/h. Vários recordes de distância, de até 3.000 km, foram estabelecidos, e o carro correu bem, a mais de 190 km/h, até sofrer uma pane de motor, depois de quase 17 horas. O carro de série também participou das disputas pelo recorde de longa distância, percorrendo mais de 5.000 km à velocidade média de 170 km/h, em mais de 24 horas. Esta convincente demonstração de confiabilidade do Austin-Healey de série foi destacada nos anúncios da marca nos Estados Unidos, e isso surtiu efeito.

Um anúncio do final de 1953, veiculado pouco depois dos recordes estabelecidos em Bonneville Salt Flats. Por motivo desconhecido, o carro da foto ainda é o KWD 947, o protótipo original incorretamente licenciado, com os faróis em posição mais baixa e grade "pontuda".

A capa do catálogo de doze páginas do Austin-Healey, de 1953.

O protótipo do 100, agora emplacado como MWD 360, em uma foto de catálogo do começo de 1953.

Os primeiros 100 nos Estados Unidos

Além de engenheiro talentoso e piloto famoso de ralis, Donald Healey era também um excelente vendedor e tinha um grande interesse pelos Estados Unidos, cujo vasto mercado conhecia razoavelmente. Ele sabia que o sucesso nas corridas ajudava a impulsionar as vendas dos carros esporte e, sem deixar de lado as atividades da companhia nas competições, viajou mais uma vez aos Estados Unidos no começo de 1953. Entre outras coisas, seu acordo com Leonard Lord estabelecia que alguns modelos 100 de demonstração seriam enviados para lá o mais cedo possível. Assim, três dos quatro 100 fabricados em Warwick antes do início da produção em série, em janeiro e fevereiro de 1953, foram mandados para lá — o quarto foi destinado ao Salão de Genebra, no começo de março. Desses, um seguiu para Nova York, outro para Los Angeles e o terceiro foi levado por um navio da empresa Cunard para Donald Healey, que o utilizou em uma longa viagem de demonstração, passando pela Feira Mundial de Miami, onde o 100 recebeu o prêmio Best Car. Em abril, no Salão de Nova York, foi novamente premiado. Depois, foi mostrado na corrida 12 Horas de Sebring, despertando grande interesse, um prenúncio do sucesso que alcançaria naquele circuito. Em meados de 1953, com a produção logo chegando a cem unidades por semana, os pedidos em carteira chegavam a 3.000 carros, a maioria destinada aos Estados Unidos. Com a redução de preço propiciada pelo ganho de escala da Austin, era crescente o desejo dos entusiastas de carros esporte de ter um Healey 100. Sua durabilidade, em especial a dos primeiros com carroceria de alumínio, era tal que até hoje existem vários modelos fabricados em Warwick, inclusive um dos três primeiros enviados aos Estados Unidos.

Os catálogos do 100

Por conta das diferenças entre os carros de série e o protótipo, três catálogos diferentes foram produzidos no Reino Unido em 1952-53. Atualmente, os exemplares originais desses catálogos são muito procurados por colecionadores. A primeira edição, para o Salão do Automóvel de 1952, era bem simples, com desenhos e fotos retocadas, e o carro denominado apenas Healey 100 Sports.

No começo de 1953, foi lançado um catálogo de quatro páginas com a capa ilustrada por uma foto feita em Bridge Street, em Warwick, de duas mulheres no carro MWD 360, ainda com as características do protótipo, como os faróis em posição mais baixa e a grade "pontuda". O carro tinha também, claro, volante na esquerda. A contracapa trazia especificações detalhadas, e as páginas internas mostravam o para-brisa inclinável, a cabine e a capota erguida (ver página 22).

Mas o melhor de todos era o terceiro catálogo, com doze páginas coloridas e ilustradas com fotos dos carros de várias cores em regiões campestres típicas da Inglaterra e do País de Gales. A capa desse catálogo para o Reino Unido, produzida em um dia ensolarado, num cenário agradável e com a câmera em ângulo baixo, mostrava o proprietário de um Austin-Healey em um momento de lazer. O motorista, Alan Jones, era funcionário da Austin em Longbridge, e o carro, com volante na esquerda, tinha a placa com as letras NOJ, da mesma série dos carros "especiais de teste" e, portanto, devia ser um dos primeiros fabricados. Muitas daquelas fotos foram realizadas nas proximidades de Llandrindod Wells, no País de Gales.

Em uma das imagens há um Healey na cor branco Old English com uma bela motorista em trajes da época. Algumas das pessoas ao fundo parecem ter sido

O NOJ 391, primeiro carro "especial de teste", em ação nas provas de velocidade de Brighton, em setembro de 1953. A lanterna extra à direita na traseira, destinada a iluminar o número do carro em Le Mans, ainda não havia sido removida. A capa do habitáculo reduzida também não era de série.

inseridas na foto, portanto, é possível que o departamento de publicidade da Austin tenha editado algumas daquelas imagens. John Wheatley lembra que a empresa evitava empregar modelos profissionais na produção dos catálogos do 100, convidando para isso funcionários de vários departamentos, que podiam assim usufruir um dia de folga.

Os fabricantes britânicos de carros esporte tinham um gosto especial pelas casas de paredes de pedra de Cotswold para compor o plano de fundo das fotos publicitárias. Diante de uma dessas casas, aparece outro carro com volante na esquerda, com a bela cor azul Healey destacando suas formas harmoniosas. Note o motorista com o boné clássico da época e o penteado repartido marcante da mulher. A placa KOV 362 talvez fosse falsa, porque o prefixo KOV era de 1950.

As páginas internas mostravam o grande (tratando-se de um carro esporte) porta-malas e o capô aberto, permitindo ver o compartimento do motor. Pelos dois filtros de ar circulares, parcialmente visíveis, percebe-se que o motor era de série, e não preparado, como o do primeiro carro de teste de rua, que era equipado com uma caixa de captação de ar fresco. Quando mostrava o carro com a capota erguida, o departamento de publicidade tinha o cuidado de retirar as janelas laterais, que deixavam a cabine muito apertada. Em algumas fotos retocadas do motor e transmissão, podia-se notar a posição deslocada da alavanca de câmbio no assoalho, utilizada com uma caixa de câmbio projetada primeiro para carros com alavanca na coluna de direção.

A conhecida fotografia do 100 no campo de provas da MIRA [sigla em inglês de Associação de Pesquisa da Indústria Automobilística], feita em julho de 1953, foi muito reproduzida em preto e branco, mas foi impressa em cores na contracapa do catálogo promocional de 1953 e também neste manual de instruções de preparo. No catálogo, o carro aparecia com volante na esquerda, mas a mesma foto foi invertida no manual, mostrando o carro com volante na direita! Tratava-se, na verdade, do primeiro Healey 100 fabricado com volante na direita, e estava sendo pilotado por Gil Jones, engenheiro-chefe da experimental.

Testes de rua "maquiados"

Na década de 1950, os fabricantes não se sentiam tolhidos em submeter carros com especificações diferentes dos de série aos testes de rua realizados por importantes revistas especializadas, na tentativa de obter melhores resultados de desempenho. Em 1953, a *Autocar* e a *Motor* testaram o NOJ 392, que era, claro, um dos carros "especiais de teste", mais leves. O teste da *Autocar* registrou uma velocidade máxima de 190 km/h, com arrancada de 0-96,5 km/h em 10,3 s, resultado impossível de ser obtido com carros de série, cujas carrocerias eram de aço. Além disso, o modelo testado tinha a relação de diferencial 3,667:1. Os resultados obtidos pela *Motor* foram um pouco mais realistas, talvez uma indicação de que a fábrica pode ter retirado o preparo do carro no intervalo entre os dois testes. Entretanto, uma explicação mais plausível seria a de que os testes foram realizados sob diferentes condições climáticas.

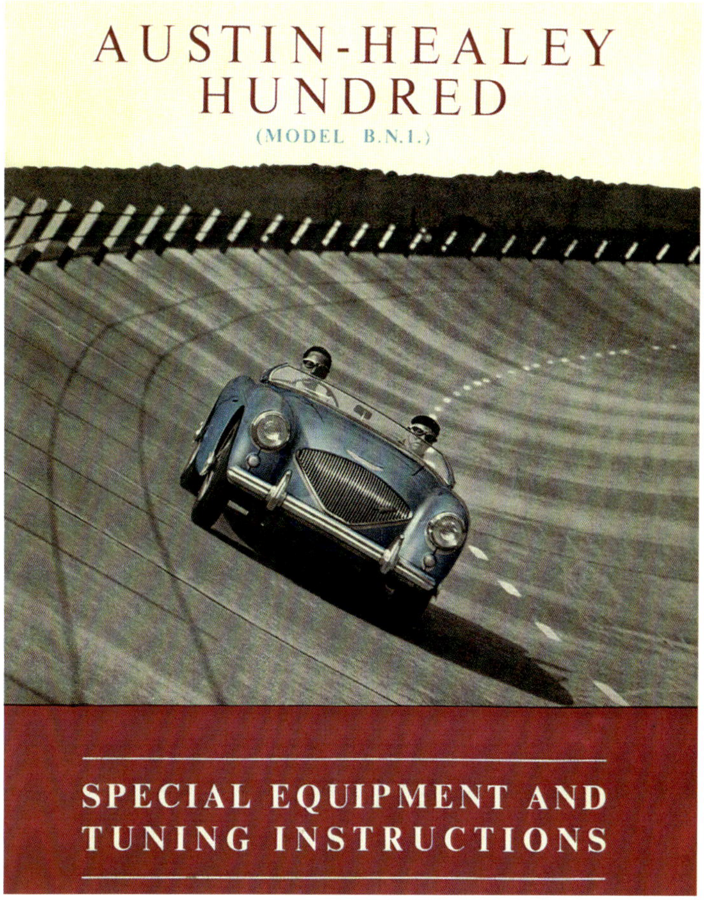

O compartimento do motor do NOJ 392, submetido ao teste de rua da Autocar *em 11 de setembro de 1953. Vê-se a caixa de captação de ar fresco e sua ligação com os carburadores, indicação de que o carro era mais preparado.*

1954 Mudanças na produção e um modelo de corrida

No começo de 1954, a produção da fábrica da Austin em Longbridge havia chegado a cerca de cem Austin-Healeys por semana e, finalmente, tornava-se possível atender aos pedidos pendentes e à demanda reprimida por esse carro esporte de grande sucesso.

O 100 vinha participando de corridas nos dois lados do Atlântico, e a fábrica da Healey em Warwick trabalhava com rapidez no desenvolvimento de um modelo de corrida. Em outubro de 1954, o maravilhoso modelo 100S foi apresentado no Salão de Londres – um carro disponível para exportação, com potencial de vencer corridas internacionais em sua classe sem precisar de qualquer modificação. Além disso, com a capota do modelo 100 normal, o 100S podia ser utilizado como um carro de rua excepcionalmente rápido. Tudo isso por 1.250 libras fora impostos; menos da metade do preço de um Jaguar de corrida.

As vendas superam a produção

No começo de 1954, a Austin havia atingido o limite de produção do modelo 100; as vendas já superavam a capacidade instalada, e a escassez era maior no mercado interno. A Jensen não conseguia fornecer mais do que 120 carrocerias por semana, em média. As vendas continuavam firmes naquele ano, e os constantes comentários positivos da imprensa em geral ajudaram a manter o interesse pelo

Esta foto promocional, de 1954, traz no verso uma legenda com os dizeres "Califórnia, aqui vou eu". A casa de campo de estilo fazenda, as vestes da moça e o Healey com volante na esquerda indicam que a foto foi feita nos Estados Unidos.

carro. Já mais conhecido naquela época, o Healey quatro-cilindros passou a participar cada vez mais de corridas de clube e ralis, com várias vitórias, embora fosse mais adequado às corridas de circuito. Já com seu rival Triumph TR2 ocorria o contrário, e no final de 1954 ele vinha se consagrando como o carro de rali por excelência, apesar de ter adquirido a fama de ser um tanto "traiçoeiro" nos circuitos devido à sua bitola estreita e aderência de traseira duvidosa. O TR, porém, havia desbancado o Healey como carro de série mais barato na faixa de velocidade de 160 km/h. Mesmo levando em conta o fato de que muitos dos equipamentos de série do Healey eram opcionais cobrados à parte no Triumph, o TR2, ainda assim, era mais barato que um 100 com as mesmas especificações. Os americanos consideravam o Austin-Healey um carro barato e confiável para corridas de circuitos e utilizaram vários dos primeiros modelos produzidos em competições. Como seria de esperar, isso acabou levando a uma demanda por mais potência, que não passou despercebida por Warwick, como se veria doze meses depois.

O modelo de corrida 100S de série foi lançado e exposto no Salão de Londres de outubro de 1954. Entretanto, o carro que aparece no anúncio tem a grade do 100 normal, com o cano de escapamento saindo logo atrás da porta do passageiro, enquanto o do verdadeiro 100S sai sob a porta do motorista. Todos os 100S tinham volante na direita. Será que o carro da foto não era realmente um 100S, mas um dos "NOJ" em uma imagem retocada?

As tampas de bronze dos carburadores SU H4 de 38 mm estão corretas, assim como os filtros de ar circulares Burgess.

A configuração de série: aquecedor Smiths circular, com os controles do afogador e de entrada de ar. O porta-volumes bem prático também é em parte visível.

O 100 de série, com os faróis em posição mais elevada, o que é fácil de notar pela maior distância entre eles e os indicadores de direção. A barra é uma solução elegante para a fixação dos emblemas e faróis auxiliares.

Havia duas baterias de 6 v atrás dos bancos, sob uma tampa, o que dificultava um pouco o acesso a elas. Entretanto, isso permitia um ganho de espaço no porta--malas e melhorava a distribuição de peso. É possível ver o flange do cardã e parte da carcaça do diferencial.

Protótipos de cupês

A bela carroceria de um dos dois cupês 100 utilizados por Donald Healey. A vedação parece adequada, embora as janelas laterais sejam de correr e não retráteis. As portas têm até maçanetas externas e fechaduras. Esse carro talvez tenha freios a disco, pois o outro cupê, emplacado como ONX 113, certamente recebeu esse equipamento depois. Repare na lancha esporte de Healey na vitrine.

A fábrica em Warwick não estava diretamente envolvida com os carros de série, ocupando-se de programas de competição e quebra de recordes, além do projeto de uma versão de corrida do carro. As mentes criativas de Donald e Geoffrey também trabalhavam em futuros desenvolvimentos, como uma possível versão cupê do 100. Dois desses carros foram produzidos c licenciados como ONX 113 e AOC 1. Donald Healey utilizou o ONX 113 como seu "expresso estradeiro", uma ideia que jamais resultou em vendas ao público. Foi uma pena, porque o carro era muito atraente e, tendo uma grande área envidraçada com janelas apropriadas, teria sido bastante resistente a intempéries – mais do que se poderia esperar do modelo de série. Talvez o custo fosse demasiadamente alto. A alta temperatura da cabine também haveria de ser um problema, especialmente nos EUA, já que o escapamento e o motor geravam muito calor. O cupê ONX 113 recebeu, posteriormente, motor e freios do 100S, tornando-se tão veloz quanto qualquer outro carro em 1954. Embora a ideia do cupê não houvesse prosperado, os consumidores tinham a alternativa de adquirir o novo teto removível fabricado pela Universal Laminations, Ltd. A fábrica nunca chegou a produzir um teto rígido para o 100.

Donald Healey tem motivos para estar feliz, sentando no interior do carro superalimentado aerodinâmico 1954. Em suas mãos, o carro atingiu a velocidade de 310 km/h em 1,6 km.

Aprimoramentos de série

Como sempre ocorria com os carros de série, o 100 recebeu modificações no período em que esteve em produção – nada fundamental, já que o design era acertado desde o começo. Bem no final de 1953, o banco do motorista passou a ser regulável em altura; antes, era possível compensar as diferenças de estatura dos motoristas por meio de ajuste de altura do volante de direção – recurso que, então, foi eliminado. Molas traseiras mais duras foram incluídas no começo de 1954, num esforço para evitar que o abaixamento da traseira eliminasse a já crítica distância em relação ao solo. Na mesma ocasião, um painel com instrumentos integrados em uma só unidade foi adotado em substituição à antiga peça composta de duas partes. O último painel de alumínio utilizado no carro, além dos defletores no cofre do motor, foi o capô, que passou a ser feito de aço em maio de 1954. Em meados desse ano, a legislação do Reino Unido tornou necessária a instalação de refletores traseiros. Por causa da traseira arredondada, era difícil encontrar um bom lugar para a instalação dos refletores, e então acrescentaram-se suportes para eles à saia traseira. Os proprietários dos carros de fabricação mais antiga, também obrigados pela inusitada lei retroativa a instalar refletores, costumavam resolver o problema fixando-os ao para-choque traseiro. Provavelmente à mesma época, o emblema traseiro da Austin of England foi modificado para Austin-Healey; o dianteiro trazia o nome Austin-Healey desde o Salão do Automóvel de 1952, quando deixou de mencionar apenas o nome Healey. Outra modificação, feita no segundo semestre de 1954, assegurava que o número do motor fosse igual (à exceção do prefixo) ao de série/chassi. Antes, o número do motor não guardava relação com o número de série. Além disso, o tipo e a localização das placas do número de chassi e de série deveriam estar em conformidade com a introdução do sistema de numeração unificada.

Quais eram as cores disponíveis?

No começo, poucas. À época do modelo BN2, 1955/56, a moda americana dos dois tons chegou à Grã-Bretanha, mas, em 1953/54, só havia o Austin-Healey 100 em sóbrias tonalidades monocromáticas: preto e branco Old English, além do popular azul Healey. Nenhuma linha de carros esportivos poderia existir por muito tempo sem incluir o vermelho sangue e um verde competição (a Triumph tentou isso, mas sem sucesso); portanto, era possível adquirir o 100 nas cores vermelho carmim ou verde Spruce. Além dessas, houve, por pouco tempo, duas cores, chamadas creme Coronet (com cerca de 620 carros) e cinza Gunmetal – esta aplicada em apenas seis carros.

Nesta foto sem data, durante uma corrida sob chuva em Goodwood, um Austin-Healey está à frente do seu eterno rival nas pistas, o Triumph TR2. O Healey está equipado com um para-brisa de acrílico do tipo do 100S. Isso era frequente; também utilizava-se um para-brisa do tipo aero, em vez de inclinar o original. Quem já dirigiu um 100 a alta velocidade com o para-brisa inclinado sabe o porquê.

Uma impressão pessoal do 100

S.C.H. (Sammy) Davis, o famoso editor de esportes da *Autocar* e veterano da Le Mans com a equipe da Bentley, adquirira um Austin 100 em 1954, licenciado como OOL 121. Ele escreveu sobre suas impressões a respeito do carro na *Autocar*. Longe de ser jovem, ele não estava interessado na velocidade máxima, embora o confortasse o fato de saber que esse modelo poderia tranquilamente, se necessário, alcançar os 160 km/h. Mais do que isso, "Sammy" valorizava o silêncio e o conforto do 100, além da sua capacidade de manter tranquilamente uma velocidade de cruzeiro variando entre 96 e 112 km/h durante o dia todo e de percorrer sem dificuldade a distância de 80 km em uma hora – um marco naquela época anterior ao surgimento das autoestradas. De início, ele via com desconfiança o sistema de sobremarcha e a estranha posição da alavanca de câmbio, mas acabou acostumando-se com ambas depois de um período de familiarização. Suas críticas ao carro eram poucas: sendo em boa medida um tradicionalista, ele sentia falta da manivela de arranque, do amperímetro e do relógio. Esses dois últimos logo foram instalados em seu carro, tendo ele logo ajustado a posição dos pedais do acelerador e da embreagem para facilitar o punta-tacco. O bocal do tanque de combustível no porta-malas o preocupava, caso houvesse um retorno durante o reabastecimento. Além disso, uma barra de reboque foi também instalada para que seu veterano carro pudesse ser rebocado para vários eventos, com a farta potência e o torque do motor Austin suportando facilmente tais cargas. Sua facilidade de manutenção era também admirável, assim como o amplo espaço para bagagem, o eficiente aquecedor e a boa visibilidade traseira, mesmo com a capota levantada. Ele se encantou e deliciou ao descobrir que havia um cinzeiro com capacidade suficiente para acomodar as cinzas do seu cachimbo. Ao receber o carro, "Sammy" constatara apenas uma falha – um estepe vazio – e surpreendeu-se com o baixo consumo de combustível – nunca menos de 8,5 km/l. Com relação ao custo de aquisição, Davis achou que o carro apresentava um excelente desempenho e fazia jus ao seu preço, sob todos os aspectos: "Um carro esportivo para os jovens e para os jovens de espírito", como intitulara seu artigo.

Esta interessante foto de um salão de vendas do Austin-Healey teria sido feita em 1953. Entretanto, em outra foto da mesma época, o 100 aparece com refletores traseiros, de modo que é mais provável que esta imagem seja do final de 1954 ou de 1955. Note o conjunto motor-caixa de câmbio seccionado, o cartaz explicativo sobre o carburador SU e o carrinho Austin de pedal, um objeto de desejo das crianças da época.

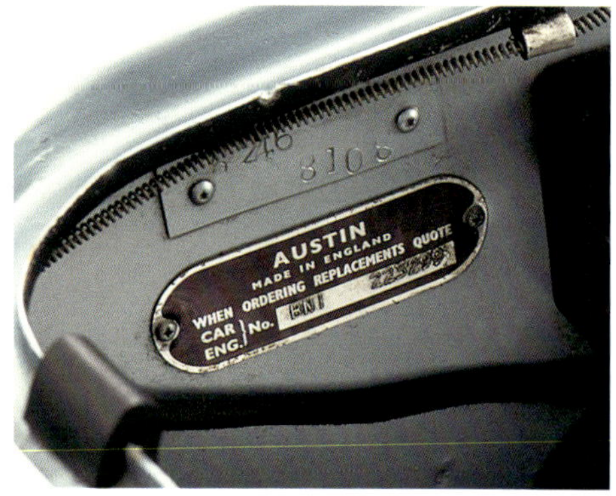

Placa de identificação do chassi e lote em um dos modelos 100 mais recentes. A outra placa, acima dela, contém dois números referentes à carroceria: o do lote e, em seguida, o de série. O sensor do medidor de temperatura pode ser visto abaixo do flange de abertura do capô.

Frisos de cores contrastantes eram aplicados às capas de couro dos bancos.

Os modelos 100 mais recentes tinham o nome Austin-Healey escrito na traseira, em vez do emblema "Austin of England" usado antes.

Placa com o número do motor, rebitada ao topo do bloco, logo abaixo do cabeçote. O sufixo "M" não indica um motor 100M, mas era utilizado em todos os motores do 100 de série e significava que a unidade havia sido fabricada pela Morris Engines.

A ampla janela traseira da capota proporcionava uma excelente visão.

Há frisos de alumínio nas soleiras e nos espaçosos porta-objetos das portas. As janelas laterais se encaixam bem, como sempre.

Os refletores, que a nova legislação tornou obrigatórios a partir de 1954, e seus suportes.

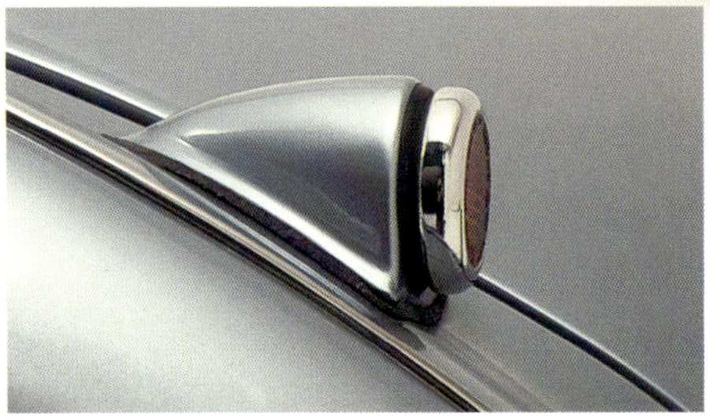

O modelo definitivo de janela lateral, com aba lateral para sinalização. O material da capota é azul-escuro para combinar com a cor da carroceria. A linha da cintura entre a porta e os para-lamas raramente tinha um alinhamento perfeito, mas a desta aqui está razoável.

O volante Bluemel de 419 mm proporcionava alavancagem suficiente para garantir ao Healey uma direção leve e precisa, desde que a lubrificação de todos os pontos de aplicação de óleo e graxa fosse observada.

Especificações: Austin-Healey 100 (BN1)

MOTOR

Descrição
Quatro cilindros em linha, bloco de ferro fundido, comando de válvulas no bloco acionado por corrente dupla, válvulas no cabeçote acionadas por varetas e balancins. Cabeçote de ferro fundido com dutos geminados, dois de admissão e três de escapamento. Pistões de alumínio de saia dividida, bielas de aço com casquilhos de metal branco. Virabrequim de três mancais

Cilindrada
2.660 cm³

Diâmetro e curso
87,3 mm x 111,1 mm

Taxa de compressão
7,5:1

Potência máxima
90 cv a 4.000 rpm

Torque máximo
20,7 kgfm a 2.000 rpm

Carburadores
Dois SU H4 de 38 mm

TRANSMISSÃO

Caixa de câmbio
Austin de três marchas à frente, todas sincronizadas (a primeira, sem sincronização, foi desativada). *Overdrive* Laycock de Normanville em segunda e terceira

Relações		Primeiros carros com o *overdrive* original
1ª	2,25:1	
2ª	1,42:1	
2ª *overdrive*	1,10:1	1,07:1
3ª	1,00:1	
3ª *overdrive*	0,78:1	0,76:1
Ré	4,97:1	

Embreagem
Monodisco Borg and Beck de 228 mm

Cardã
Hardy Spicer com rolamentos de agulha

Eixo traseiro
Par cônico helicoidal com relação 4,125:1 até o chassi BN1 221536. Deste em diante, par cônico hipoide com relação 4,1:1. Como opção (pouco usado) par cônico helicoidal com relação 3,667:1

FREIOS

Dianteiros
De tambor Girling, 279 mm × 44 mm com duas sapatas primárias

Traseiros
De tambor Girling, 279 mm × 44 mm até o chassi BN1 221536; daí em diante, 279 mm × 57 mm

Operação
Hidráulica Girling

Freio de estacionamento
Alavanca central ligada por cabo/tirante aos tambores traseiros

SUSPENSÃO

Dianteira
Independente. Braços triangulares superpostos, molas helicoidais, amortecedores hidráulicos de dupla ação e barra estabilizadora

Traseira
Eixo rígido, molas semielípticas, amortecedores hidráulicos de dupla ação, barra Panhard

DIREÇÃO

Tipo de sistema
Setor e sem-fim Burman (posteriormente Cam Gears). Relação 12,6:1

Número de voltas entre batentes
2,5

Diâmetro de giro
10,7 m

Volante
Bluemel de três raios com 419 mm de diâmetro

RODAS E PNEUS

Rodas
4J × 15 de 48 raios Dunlop com fixação central por porca borboleta e pintura prateada (cromadas em alguns carros)

Pneus
5.90-15 Dunlop RS4 diagonais com câmara

O 100 não foi tão bem-sucedido nos ralis como nas provas em circuito. Aqui, um Austin-Healey emplacado como JOS 2 se acidentou no Rali das Tulipas de 1954. O carro existe até hoje e esteve em um evento do Austin-Healey Club há alguns anos.

Duas imagens dos primeiros 100 em ralis de clubes britânicos, ambas de 1954. O carro OOL 777 aparece no Little Rally do London Motor Club, e o OGY 96 foi fotografado à noite no Rali Cat's Eyes.

DESEMPENHO

Teste da *Motor*, em setembro de 1953, realizado com o carro de carroceria leve e relação de diferencial 3,667:1. O carro de série, com carroceria de aço, mais pesado e com relação de diferencial 4,125:1, tinha uma aceleração muito parecida

Velocidade máxima
170 km/h
com o para-brisa abaixado
160 km/h
capota e para-brisa levantados

0-80 km/h	8,5 s
0-96,5 km/h	11,2 s
0-112 km/h	15,8 s
0-128 km/h	21,1 s
0-144 km/h	28,2 s
0-402 m	18,5 s

Consumo médio de combustível
7,8~8,8 km/l

DIMENSÕES

Comprimento
3,85 m

Largura
1,59 m

Altura (com a capota levantada)
1,23 m

Distância entre eixos
2,29 m

Bitolas
Dianteira: 1,24 m
Traseira: 1,29 m

Distância mínima do solo
140 mm

Peso
987 kg

Um 100 muito bem restaurado passa por uma poça de água. O carro tem uma das disputadas placas de Warwick, que sempre combinam bem com os Healeys. Elas tinham as letras AC, NX, UE e WD. Alguns 100 fabricados em Warwick, no entanto, tinham placas de Birmingham, como os carros "especiais de teste" NOJ e OON. Vários dos primeiros 100 usavam placas de Warwick porque a Donald Healey Motor Co Ltd deteve a exclusividade de vendas para o Reino Unido por alguns meses, estabelecida no acordo de 1952 com a Austin.

Um mau ano nas pistas

Depois da euforia com os excelentes resultados de Le Mans, em 1953, o ano de 1954 se iniciava em meio a grandes expectativas, que viriam a se frustrar. Dos três carros inscritos na Mille Miglia, dois tiveram de deixar a prova, restando apenas o 100 de Lance Macklin, que terminou em 23º lugar, mas quase foi eliminado, também por problemas na embreagem. Nenhum Healey participou da Le Mans de 1954 porque Donald Healey havia decidido deixá-los temporariamente fora das corridas internacionais, alegando que seus carros, que ele dizia serem estritamente de série, deviam competir na classe de carros esporte protótipo. Fatos posteriores indicam que outros motivos além desse haviam levado àquela decisão. Um fato positivo foi o terceiro lugar conquistado por Macklin e George Huntoon na prova de carros esporte 12 Horas de Sebring. O carro da dupla era o bom e velho NOJ 391, que havia sido aprimorado e equipado com freios a disco, tornando-se o precursor do modelo 100S, que seria apresentado no final do ano. Contra a vontade de Healey, os carros acabaram participando da difícil Carrera Panamericana, uma prova de estrada no México, mas não conseguiram terminá-la, encerrando, assim, um ano medíocre. Entretanto, ainda havia esperanças depositadas no modelo 100S, cujas especificações e testes foram concluídos. Embora esse fosse muito mais um carro esporte de corrida, foi lançado no Salão do Automóvel de 1954 para venda ao público em 1955. Três novos carros "especiais de testes" (emplacados como OON 439, 440 e 441) foram fabricados em Warwick em 1954. Eram os protótipos do 100S de série e teriam intensa participação nas corridas de 1955. Apesar das dificuldades nas corridas, as tentativas de quebra de recordes não foram deixadas de lado, e um daqueles protótipos do 100S bateu dois recordes, de seis e de 12 horas, com médias de 210 km/h em Bonneville, no estado americano de Utah. Além disso, um carro superalimentado muito especial, com carroceria aerodinâmica, chegou a atingir a velocidade de 310 km/h em 1,5 km com Donald Healey ao volante. Sua potência era superior a 220 cv — semelhante à de um motor de caminhão!

1955
Austin-Healey mais rápidos: 100S e 100M

Em 1955, os apaixonados por carros esporte e os pilotos de corrida pediam um Austin-Healey com melhor desempenho. Como o modelo 100 básico era muito estável e poderia suportar bem um aumento de potência, a fábrica de Warwick começou a desenvolver não apenas o modelo de corrida 100S, mas também uma versão intermediária, o 100M, ou modelo Le Mans. Este foi a princípio comercializado como kit de conversão para carros usados, mas logo as modificações passaram a ser de série para Austin-Healeys novos, a maioria dos quais era destinada aos Estados Unidos. Os principais aprimoramentos do 100 normal de série em 1955 foram freios mais eficientes e uma caixa de câmbio de quatro marchas, bem melhor, com *overdrive*. Até 1955, cerca de 10.000 carros haviam sido produzidos, um número grande para um carro que, apesar de bastante prático, destinava-se a um público muito específico.

Apenas 50 carros produzidos

O 100S foi de fato um modelo de série limitado baseado nos vários carros "especiais de teste" das duas temporadas anteriores e incorporava a maioria das modificações testadas em várias corridas de longa distância. Cada um deles trazia uma placa no painel atestando que o carro era uma réplica daquele que havia alcançado a velocidade média de 210 km/h nas 24 Horas em Bonneville, nos Estados Unidos, em agosto de 1954 – uma informação não muito precisa. O 100S era equipado com os então revolucionários freios a disco Dunlop nas quatro rodas, e foi um dos primeiros carros do mundo a utilizar a novidade e, com certeza, o mais barato a empregar esse sistema livre de perda de eficiência por aquecimento, pois o modelo básico custava 1.250 libras sem impostos, dos quais os compradores no exterior estavam isentos. O 100S era um modelo "só para exportação", mas seis ou sete dos cinquenta carros

A plaqueta do painel de instrumentos que havia em todos os modelos 100S de série, com a reprodução da assinatura de Donald Healey.

O 100S visto de trás, em 1955. Era um dos carros de série de rua mais rápidos daquela época. Esse da foto, com a placa OON 349, pertence ao segundo lote de carros "especiais de teste", que eram, na verdade, modelos 100S anteriores aos produzidos em série. Nesta foto mais recente, o carro aparece restaurado.

Como se vê, nem todos os 100S tinham pintura nas cores azul Lobelia e branco. Este carro restaurado, com a placa OON 440, é vermelho. Note o grande S vermelho na grade.

produzidos – todos eles fabricados entre fevereiro e novembro de 1955 – acabaram, de um jeito ou de outro, nas mãos de compradores do Reino Unido. Dos restantes, 25 foram para os Estados Unidos, sete para a Austrália e dois para o Canadá, França, Nova Zelândia e Suécia. Fora estes, os demais seguiram para outros países. Quase todos foram utilizados em corridas, mas o motor Austin, mesmo preparado, era tão dócil que o 100S podia perfeitamente ser utilizado como carro de rua, e, de fato, um ou dois desses modelos nunca chegaram a participar de qualquer corrida.

As carrocerias leves do 100S

A Jensen produzia as carrocerias leves especiais, mas os carros eram montados manualmente na fábrica da Healey em Warwick. A carroceria tinha uma grade de formato mais oval com um grande emblema formado pela letra S – que, segundo se dizia, significava Sebring. Não havia para-choques nem suportes. O para-brisa, de corrida, era todo de acrílico, embora vários carros utilizassem o modelo convencional de vidro. Não havia capota, mas apenas uma capa menor para o habitáculo. O capô tinha uma série de pequenas aberturas de saída de ar e uma tira de couro para fixação adicional. A tampa do bocal do tanque de combustível, de abertura rápida, era externa. A maioria dos carros recebia uma pintura com as cores de corrida branca e azul usadas nos Estados Unidos, com rodas raiadas pintadas de branco, mas havia um ou outro com cores diferentes.

As alterações mecânicas do 100S

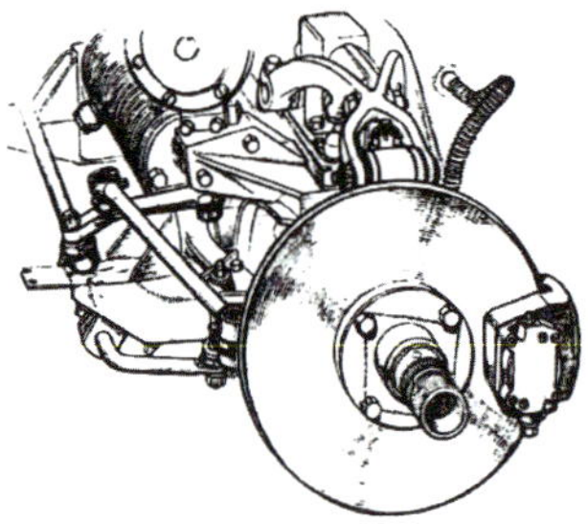

A ilustração da Autocar *do freio a disco Dunlop do 100S. Note o radiador de óleo aletado adjacente à barra de direção.*

Os motores eram muito especiais: a Weslake havia desenvolvido um cabeçote de alumínio com os dutos de admissão e escapamento e, portanto, também os carburadores, no lado oposto ao do motor do 100 normal. O cabeçote tinha oito dutos, um para cada válvula, e a taxa de compressão era de 8,3:1. Os carburadores eram SU H6 de 44 mm, e havia um radiador combinado com filtro de óleo baixo, na dianteira, por onde passava o fluxo de ar. Com essa configuração, a potência máxima ficava em 132 cv a 4.700 rpm, cerca de 50% maior que a da versão normal. O torque máximo, de 23,2 kgfm, ainda podia ser alcançado em uma faixa baixa de rotações, a 2.500 rpm, o que dava ao carro um temperamento dócil e um rodar tranquilo nas ruas.

A caixa de câmbio era uma BMC de relações curtas e quatro marchas, que seria utilizada no modelo 100 BN2 no final de 1955. (Os OON, carros 100S "especiais de teste", tinham caixas de câmbio especiais David Brown porque as BMC não estavam disponíveis no começo de 1954.) A fim de reduzir o peso, o modelo não tinha *overdrive*, mas em compensação o diferencial era longo, de relação 2,92:1. A suspensão, quase igual à do modelo normal de série, tinha amortecedores especiais reforçados e uma barra estabilizadora mais grossa. Os freios dianteiros e traseiros eram os novos Dunlop a disco. O modelo vinha com um tanque de combustível de grande autonomia, de 90 litros, e bancos mais leves, com fendas de ventilação nos encostos.

John Bolster, da *Autosport*, conseguiu emprestado um carro bastante usado, que havia terminado há pouco tempo a corrida TT, na Irlanda do Norte. Este 100S chegou a atingir 200 km/h, indo de 0-96,5 km em 9,8 s, e de 0-160 km/h em 24,4 s. Esses resultados foram obtidos, claro, com o diferencial curto; quando foram utilizadas as relações 3,667:1 ou 4,125:1, a aceleração melhorou muito, com os tempos de 0-96,5 km/h caindo abaixo de 8 segundos. O 100S era, e continua sendo, o mais rápido dos Austin-Healeys de série, e os carros ainda existentes desse modelo são muito valiosos e procurados. Para surpresa de muitos, apesar de terem sido tão exigidos em corridas no passado, mais de 90% dos 100S fabricados existem até hoje.

O motor do 100S, com os carburadores, velas e dínamo no lado oposto em relação ao do 100 normal de série.

Este 100M foi muito bem restaurado, com uma combinação de cores clássica, mas que não era de série. No início, foi um carro de demonstração da Austin.

O misterioso 100M

Durante anos, houve muita especulação e conjecturas a respeito do modelo 100M: quantos foram produzidos com essas especificações de fábrica, quantos teriam sido depois convertidos (no todo ou em parte) para 100M por seus proprietários, e, afinal, quais eram e as reais especificações do 100M? Apesar das cuidadosas pesquisas sobre o assunto, realizadas por pessoas como o historiador da Austin-Healey John Wheatley, e do depoimento de Geoffrey Healey, é provável que jamais encontremos respostas satisfatórias para essas perguntas. O que sabemos é que o kit de preparo 100M Le Mans foi desenvolvido no final de 1954, com base nos carros de preparo médio que foram tão bem-sucedidos em Le Mans em 1953. Os kits eram vendidos a proprietários que desejassem converter seus carros por conta própria e podiam também ser instalados por um concessionário, ou pela fábrica da Healey, em Warwick. A conversão podia ser feita tanto em carros novos como usados, mas, naquela época, no começo de 1955, o 100M não era um modelo de série, e cada carro era convertido um a um.

O kit Le Mans

Existem dúvidas a respeito da composição exata do kit Le Mans, que custava 105 libras. Entretanto, acredita-se que o kit 100M completo era composto de molas de válvulas reforçadas, comando de válvulas do 100S com cruzamento um pouco maior, dois carburadores SU H6 de 44 mm com coletores de admissão especiais, caixa de captação de ar fresco (com uma plaqueta especial) que levava ar direto aos carburadores, distribuidor modificado e juntas de cabeçote com face de aço. Além disso, os 100M convertidos pela fábrica tinham pistões de 8,1:1. A suspensão contava com uma barra estabilizadora um pouco mais grossa e amortecedores dianteiros reforçados. Os freios de série, considerados adequados, foram mantidos. Na parte externa, o 100M se distinguia por um novo capô com aberturas de saída de ar, do tipo do 100S, com uma cinta de couro. A pintura era de dois tons e consistia na repintura da metade inferior do carro com uma cor contrastante. Contudo, nem todos os carros convertidos tiveram a pintura modificada.

O motor do 100M, com os carburadores SU de 44 mm e a caixa de captação de ar fresco ligada a eles. A plaqueta indicando que o carro havia recebido as modificações da conversão Le Mans está visível, afixada à caixa de captação de ar fresco.

A Donald Healey Motor Co não costumava fazer muita propaganda direta porque a Austin havia se encarregado da fabricação e publicidade do Austin-Healey. No entanto, como o 100M era uma criação de Warwick, a empresa veiculou vários anúncios do carro em 1955-56, como este.

Anos depois, para confundir os compradores de Healeys, havia vários carros em circulação equipados apenas com alguns itens do kit Le Mans – por exemplo, nem todos tinham pistões de alta compressão –, enquanto a "conversão" de outros se resumia aos carburadores maiores e ao capô com aberturas para saída de ar.

Os 100M de fábrica

Pat Moss ao volante do carro que era, talvez, um dos primeiros BN2, numa foto feita em Londres, no final de 1955. É possível notar os tambores de freio mais largos, utilizados nos 100 mais recentes.

Na época do Salão de Londres de 1955, quando foi lançada a versão BN2 de quatro marchas do 100, Warwick e Longbridge decidiram lançar o 100M de fábrica. Como o BN2 permaneceu em produção por pouco menos de um ano, a quantidade de 100M fabricada foi pequena, e não se sabe até hoje o total exato. Os historiadores John Wheatley e Anders Clausager, consultando os arquivos da fábrica, chegaram a um total de cerca de 640 unidades produzidas do 100M. Além desses, vários outros carros foram convertidos por Warwick a pedido de seus proprietários, em quantidade total também desconhecida. Cerca de 85% dos 100M de fábrica foram exportados para os Estados Unidos, e apenas alguns se destinaram ao Reino Unido. Outra incerteza em relação ao 100M diz respeito à possível existência de uma letra M sobreposta ao raio que havia no emblema da grade do radiador do modelo 100. Sem dúvida, eles já foram vistos em alguns carros, mas não se sabe se foram aplicados por concessionários ou por Warwick em um ou outro carro. O saudoso Geoff Price disse a John Wheatley que "Nós os fornecíamos aos nossos clientes preferidos".

O desempenho de um bom 100M situava-se entre o do modelo normal de série e o do 100S, com um tempo de 0-96,5 km/h de 9,5 s, e velocidade máxima em torno de 180 km/h. Dizia-se que o consumo de combustível era menor que o do 100 devido ao ganho de eficiência do motor.

A opinião da imprensa sobre o 100M

Como o 100M permaneceu por pouco tempo em produção, a imprensa não teve muitas chances de testá-lo. Nenhuma das principais revistas especializadas do Reino Unido realizou um teste oficial com o carro. Entretanto, em 1956, a americana *Road & Track* submeteu o 100M a um teste rápido. A publicação ficou impressionada com a arrancada do carro de 0-96,5 km/h, em especial considerando que ele era 106 kg mais pesado que o 100 original de teste. Elogiou também a estabilidade, sobretudo em pista molhada, que melhorou muito com os pneus Dunlop Road Speed, mas considerou o rodar mais duro com as molas e amortecedores reforçados e a barra estabilizadora mais forte. Na opinião da revista, essas modificações deixaram o modelo menos confortável que o carro de série, embora tivessem melhorado muito a estabilidade nas corridas, eliminando a tendência de afundamento da traseira nas arrancadas. Acima de tudo, a *Road & Track* notou que o Kit Le Mans 100M melhorava o desempenho sem aumento do consumo de combustível. Os jornalistas relataram que a excelente potência em baixa do motor não havia sido comprometida pelas modificações e aprovaram o câmbio de quatro marchas. Concluíram dizendo que o 100M contribuiria para aumentar a popularidade do Austin-Healey, pelo fato de ser um carro esporte confiável e simples.

No Reino Unido, Bill Boddy, o influente editor da *Motor Sport*, falou sobre o 100M após o modelo ter sido testado pela revista. O carro era um dos últimos BN1 de três marchas, adquirido em meados de 1955. Depois de amaciado com cuidado, o carro de série excedeu a velocidade de 160 km/h, mas Boddy não gostou do desempenho dos freios. Além disso, surgiu uma trepidação da embreagem após cerca de 5.000 km, que se tornou muito intensa a ponto de fazer tremer a transmissão inteira. No final de outubro, o carro foi levado à fábrica de Warwick para a instalação de um kit Le Mans 100M, o que levou duas semanas. Depois de pronto, o carro estava muito diferente: a embreagem não trepidava mais, a frenagem era excelente e o desempenho havia melhorado, sem aumento do consumo de combustível. A equipe da *Motor Sport* descobriu que a largura da sapata dos freios havia sido reduzida em 3 mm, e isso fez toda a diferença, ainda mais em alta velocidade.

A estabilidade também melhorou muito em todas as velocidades e, ao contrário da *Road & Track*, não houve nenhum comentário a respeito de redução do conforto. A revista disse que em condições normais de utilização a terceira e o *overdrive* eram suficientes para uma aceleração rápida e constante. "Um carro confortável, rápido e seguro", concluiu.

O 100 BN2 de quatro marchas

O BN2 na cor verde Flórida combina com a modelo em um desfile de moda.

O 100 de segunda geração, o modelo BN2, que havia entrado em produção em agosto, foi lançado no Salão de Londres de 1955. A principal inovação foi a substituição da problemática caixa de câmbio de três marchas com seu H excêntrico por uma de quatro marchas, mais robusta e com um H convencional. Essa modificação eliminava um dos poucos pontos fracos do Austin-Healey. Com o *overdrive* em terceira e quarta, o carro passava a ter seis marchas. A alavanca do câmbio, embora ainda não fosse central, saía do túnel em uma posição um pouco mais adequada, e a carcaça da embreagem era formada por uma peça fundida separada. Os freios dianteiros passaram a ter sapatas de 57 mm, como os traseiros, e as constantes das molas foram revistas. Os interruptores do *overdrive* e da ignição foram transferidos para o painel, e os limpadores de para-brisa eram agora de parada automática, um luxo.

Era impossível distinguir um BN2 pelo exterior, e não havia sequer emblemas específicos do modelo. Os arcos das rodas dos para-lamas dianteiros tinham recortes de 38 mm, mas, a menos que um BN1 e um BN2 fossem colocados lado a lado, esse detalhe era imperceptível. Além disso, em alguns BN2 mais recentes o vinco lateral se estendia além dos arcos das rodas dos para-lamas traseiros. O novo modelo passou a contar com a opção de pintura em duas cores. O número de série do primeiro carro desse modelo foi BN2 228047, e o último Healey 100 de quatro cilindros foi o BN2 L 233455, fabricado em 16 de julho de 1956. Na época do BN2, a quantidade de Austin-Healeys exportada para os Estados Unidos aumentou, e menos de 10% dos carros produzidos tinham volante na direita, a maior parte dos quais foi destinada aos mercados coloniais, restando apenas 165 BN2 para o mercado do Reino Unido, segundo os registros da fábrica.

A comemoração do sucesso da equipe na Mille Miglia. Àquela época, as ilustrações ainda eram mais utilizadas do que fotografias nas peças publicitárias do Austin-Healey.

Tragédia em Le Mans

Apesar de ter boicotado Le Mans em 1954, Healey foi convencido a participar da prova em 1955, ainda que apenas com um 100S, mas muito bem preparado: o velho NOJ 393, o terceiro dos carros "especiais de teste" de 1953, agora com potência de 140 cv. O carro foi inscrito em nome de Lance Macklin, que o pilotou em parceria com Les Leston, embora, na verdade, estivesse correndo pela fábrica. O 100S era bem rápido, e tudo levava a crer que a corrida seria tranquila, mas, duas horas e meia após seu início, Macklin foi atingido pelo Mercedes-Benz 300SLR de Pierre Levegh ao passar pelos boxes, a 200 km/h. Com o choque, o 100S foi arremessado em direção à multidão. Foi o pior acidente da história do automobilismo, com mais de oitenta mortos. As investigações realizadas isentaram Macklin de culpa, mas a tragédia teve repercussão mundial.

Antes disso, os Healeys haviam tido melhor sorte na Mille Miglia, na qual houve quatro 100S inscritos, um dos quais foi pilotado pelo próprio Donald Healey, em sua última prova importante. Seu carro apresentou uma trinca no cárter, e Ron Flockhart se envolveu em uma colisão, felizmente sem se ferir. Os outros seguiram em frente: George Abecassis chegou em 11º lugar – o primeiro carro britânico a terminar a prova – e Lance Macklin em 36º. Macklin podia ter obtido uma classificação melhor caso não tivesse parado para ajudar Flockhart após o acidente. Os 100S também brilharam em Sebring, em março de 1955, quando Stirling Moss e Lance Macklin ficaram em sexto lugar na classificação geral e em primeiro na classe de Produção, na qual dois 100S independentes terminaram em segundo e terceiro.

Grandes raridades

Apesar de classificados como "somente para exportação", alguns 100S de série foram vendidos zero-quilômetro no Reino Unido, sem contar os carros "especiais de teste" da fábrica, NOJ e OON. Ron Flockhart teve um 100S de série, emplacado em Wolverhampton como OJW 303 pela Charles Clark and Co. O EVV 106 foi adquirido por David Shale, de Northampton, e o RWD 132 por John Dalton. Lionel Clegg, da Mintex, convenceu a empresa a adquirir um 100S para seu uso, que foi registrado como RWD 323. Depois, Dick Protheroe participou de corridas com esse carro, saindo-se até que bem. O SNX 172 foi comprado zero-quilômetro por Raymond Flower, mas não é computado entre os destinados ao Reino Unido porque foi entregue a ele no Egito. Depois, este 100S foi de novo emplacado como XJW 858. Um quinto carro destinado ao Reino Unido foi emplacado em Londres como RLF 500 e entregue a H. Riddell; o sexto e último dos 100S para o Reino Unido foi vendido a J. Somervail e emplacado como 333 EBB. O único que não existe mais é o de Flockhart, OJW 303.

Quatro 100S enfileirados, provavelmente em Warwick. Dois deles têm para-brisas aero, um é equipado com para-brisa de acrílico e o outro, no qual Donald Healey (o segundo homem, da direita para a esquerda) está encostado, tem um para-brisa integral. É provável que este carro seja o OON 439, e o segundo da direita para a esquerda deve ser o 100S de série de Ron Flockhart (OJW 303). Esta foto da equipe pode ter sido feita antes de sua ida para a Mille Miglia de 1955.

Uma bela foto de época do 100S da Mintex na região serrana de Derbyshire Peak District. Note os refletores traseiros e o instrumento extra no centro do painel — um medidor de temperatura do óleo, que equipava a maioria dos 100S de série, se não todos.

Os últimos 100S

Embora o motor de seis cilindros já estivesse sendo utilizado experimentalmente em alguns protótipos, o 100S de quatro cilindros continuou sendo desenvolvido entre o final de 1955 e o começo de 1956, pois a corrida de Sebring em março de 1956 seria a última do modelo de quatro cilindros. O carro ficou ainda mais leve, com os dois últimos 100S pesando somente 807 kg. No início, com dois carburadores SU de 50 mm, comando de válvulas modificado e um coletor tubular de aço no lugar do anterior, que era de ferro fundido e mais pesado, a potência foi superior a 140 cv. Com a substituição daqueles carburadores por dois Weber 45 DCOE, a potência chegou a 145 cv, a mais alta produzida pelo motor A90 quatro-cilindros sem superalimentação enquanto esteve em produção. Com essa potência, baixo peso e excelente estabilidade, os carros se tornaram muito rápidos e foram levados para a corrida de 12 Horas de Sebring em meio a uma grande expectativa. Lance Macklin convenceu seu bom amigo Archie Scott Brown a ser seu copiloto, e o outro carro ficou a cargo de Roy Jackson-Moore e Forbes Robinson. Os dois correram sem problemas por mais de sete horas, mas a vibração do motor de curso longo em alta rotação acabou danificando os novos coletores tubulares, e ambos tiveram de abandonar a prova. Assim, a carreira dos 100S que competiam pela fábrica chegou ao final, mas alguns proprietários independentes continuaram participando de corridas, e um deles se classificou em 11º lugar naquela mesma prova em Sebring.

Um BN2 no salão de exposição da Donald Healey Motor Co em Holland Park, Londres. O carro tem pintura nas cores verde Flórida e branco Old English, com bancos especiais na cor verde Flórida, que não são de série. Apesar do capô sem entradas de ar, este carro teve o motor modificado com o kit 100M e foi utilizado por Donald Healey durante algum tempo. Mais tarde, em muito mau estado, foi vendido e restaurado de volta à sua forma, retratada nesta fotografia de 1956.

Um participante do Rali das Tulipas em 1955 ao volante de um Austin-Healey antes da largada, em Londres. Note o cinegrafista, o integrante da escolta com o uniforme tradicional do Royal Automobile Club (RAC) e a perua Morris Minor, muito comum à época.

Para provar que o 100S participou de alguns ralis, aqui está o carro "especial de teste" da segunda geração (OON 439) completo, com para-brisa e janelas laterais, em um rali do RAC, em 1956, pilotado por Cecil Winby, da Brico Pistons. Winby e sua empresa colaboraram com a Healey desenvolvendo os pistões de alta compressão para o motor do 100.

Um anúncio típico dos anos 1950, dirigido ao mercado dos Estados Unidos. É difícil dizer qual é a cor deste Healey — a cor de série mais parecida com ela é o verde Flórida, lançado em 1955. A diferença talvez possa ser atribuída à qualidade da impressão do original.

Nesta foto, de 14 de outubro de 1956, um Austin-Healey 100 derrapa durante uma corrida de curta distância promovida pelo West Essex Car Club, na pista de pouso de Stapleford. O 100 continuou a participar de corridas por um bom tempo após o lançamento do seis--cilindros.

Produção e vendas 1953-1956

Durante muito tempo, houve dúvidas a respeito das quantidades exatas de modelos 100 produzidos, mas após pesquisas cuidadosas, Anders Clausager e John Wheatley apresentaram números que podem ser considerados precisos. Assim, teriam sido produzidos 14.634 Austin-Healeys de quatro cilindros no total, além de cinquenta modelos 100S de série e alguns carros "especiais de teste". Dos 14.634 carros, segundo as estimativas, 10.030 eram modelos BN1, sendo os restantes 4.604 modelos BN2 com câmbio de quatro marchas. O total aproximado de carros fabricados em cada um dos quatro anos de produção é:

1953	1,274	BN1
1954	5,940	BN1
1955	4,510	BN1, BN2 and 100S
1956	2,910	BN2

Note: Os modelos 100M estão incluídos nos totais acima.

Os registros de produção não fazem distinção entre carros de volante na direita ou na esquerda, embora estes fossem, sem dúvida, a maioria. Em relação às vendas, estima-se que ao menos 75% do total produzido tenha sido destinado aos Estados Unidos e que, no mínimo, 90% dos carros fabricados foram exportados, alguns dos quais, claro, com volante na direita. Embora não haja dados precisos, é provável que apenas 7% do total, ou cerca de mil veículos, tenham sido vendidos no Reino Unido.

Duas fotografias da linha de produção do 100 em Longbridge. Na foto da direita, os carros prontos aparecem à esquerda, atrás da bomba de gasolina, recebendo o polimento final.

Note os inspetores de qualidade com aventais brancos na foto da esquerda, e o carro que parece ter sido coberto antes de passar por alguma correção.

Donald Healey em Silverstone, durante a prova International Trophy de 7 de maio de 1955, demonstrando para o público britânico o Austin-Healey 1954 com motor superalimentado e formas aerodinâmicas, capaz de atingir a velocidade de 310 km/h.

Uma longa viagem em um 100

Em 1956, na época da Cortina de Ferro, David Scott, um intrépido proprietário de um modelo 100, dirigiu seu carro até Praga, numa viagem de cerca de 3.200 km ida e volta em pleno inverno. O Healey despertou um grande interesse no Leste Europeu, onde nada parecido havia sido visto até então. Onde quer que o carro fosse estacionado, várias pessoas paravam para admirá-lo e fazer perguntas a seu respeito. Apesar da gasolina de 80 octanas, o carro funcionou sem problemas e atingiu a velocidade máxima em uma autoestrada, com duas pessoas a bordo e o porta-malas cheio. O consumo de combustível, superior a 8,8 km por litro, foi surpreendente, considerando

Donald Healey, que nunca perdia uma oportunidade de promover seus carros, preparou (com o apoio da Austin) uma vistosa exibição com modelos 100S brancos, que seriam utilizados pelos pilotos nas voltas de desfile do Grande Prêmio Britânico de 1955, em Aintree, em 16 de julho de 1955. É possível contar ao menos dezesseis carros, e a maioria parece ter volante na direita. Talvez se tratasse de um lote de carros de exportação destinados aos Estados Unidos, e, nesse caso, os compradores finais não poderiam imaginar que eles não eram exatamente "zero-quilômetro".

a baixa qualidade da gasolina. O carro era um BN1, emplacado como ROB 423 e que antes havia sido utilizado pela Austin em demonstrações e publicidade. Scott ficou muito satisfeito com o desempenho do Austin-Healey, elogiando especialmente a suspensão e o sistema de direção.

O Austin-Healey 100 e o Triumph TR2

Em 1954, quando o TR2 renovado já havia chegado às ruas, uma ampla discussão a respeito de qual dos dois carros era o melhor se instalou na imprensa automobilística. As preferências se dividiam em meio a argumentos muitas vezes tendenciosos ou parciais, mas houve também debates razoáveis. A disputa na imprensa chegou ao auge na coluna de cartas dos leitores da *Motor Sport*, em 1955, com as preferências ainda equilibradas. A impressão geral era a de que o Healey era mais bonito, confortável e estável, além de ser mais adequado aos circuitos de velocidade. O TR2 era bem mais econômico, tinha um câmbio mais agradável, um painel de instrumentos melhor e mais espaço interno – podendo até transportar crianças, se necessário. Além disso, sua maior distância em relação ao solo lhe dava uma vantagem sobre o 100 em ralis. A aceleração de ambos era semelhante até 160 km/h, assim como a velocidade máxima de 170 km/h. Os TR2 equipados com os itens de série do 100 (aquecedor, *overdrive*, capa do habitáculo, rodas raiadas) tinham preço semelhante ao dele. No caso do TR, porém, os entusiastas menos abastados podiam optar pela versão básica, que só passou a ser oferecida aos compradores do Austin-Healey a partir do lançamento do 100-Six. Em 1955, o Austin-Healey 100 custava 750 libras sem os impostos, enquanto o TR2 com equipamentos semelhantes saía por 715 libras. O motor do Healey tinha uma cilindrada cerca de 700 cm³ maior que o do TR2, que lhe proporcionava um torque bem maior, de 20 kgfm contra 16,4 kgfm do TR2. A potência de ambos era a mesma, 90 cv, mas o motor do TR trabalhava em rotação mais alta, e podia receber um preparo melhor que o A90. A verdade é que ambos eram, e ainda são, grandes carros. O autor foi proprietário de várias versões de ambos os modelos nos últimos 32 anos, e até hoje não sabe se prefere o Austin-Healey ou o Triumph.

AUSTIN-HEALEY

100-SIX

1956–1959

1956 Seis cilindros, mais lugares, menos desempenho

Embora em 1956 as vendas das versões de quatro cilindros do 100 original e do 100M continuassem em um ritmo bom, a Austin havia comunicado à Healey que o motor de quatro cilindros seria substituído pelo novo seis-cilindros da Morris Motors, que já estava sendo utilizado nos grandes sedãs Austin, Morris e Wolseley e, portanto, o 100 teve de ser modificado para recebê-lo.

Do ponto de vista teórico, o motor mais suave de 2.639 cm³ parecia promissor com seus 102 cv, uma potência 12% maior, mas seu torque era menor, e o peso do carro sofreu um acréscimo de 10%. Ao ser lançado, o novo 100-Six trouxe certa frustração, pois era mais lento que a versão antiga de quatro cilindros. A grande vantagem foi a inclusão de dois pequenos bancos traseiros que o redesenho do interior e um leve aumento da distância entre eixos possibilitaram. Essa característica ampliou o potencial de mercado do carro, e, com certeza, boa parte dos compradores não se importava com o desempenho inferior do 100-SIX.

AUTOSPORT SEPTEMBER 28, 1956

Setting the pace for tomorrow

SETTING THE PACE IN PACE
The new Austin Healey 100 Six is the fastest sports car Austins have ever made. It easily tops the hundred mark. But the most exciting thing is the acceleration, the sheer bite of the new 6-cylinder 2.6 litre engine. And with stepped up engine power it's got stepped up gear ratios too.

SETTING THE PACE IN EVERY WAY
Examine the car itself. The beautiful new duotone colours. The new seating, with room for two more occasional passengers. The thick fitted carpet, the leathercloth facia, the real leather upholstery. Wherever you turn you see that the new Healey is more than ever a luxury sports car. Yet for a car of its class it's still most reasonably priced at £762 plus £382.7.0 purchase tax. Overdrive, wire wheels, road speed tyres, and heater are available at extra cost.

A word from Donald Healey about the Healeys at Bonneville
The special Austin Healey I drove at Bonneville in August did a measured mile at 203 mph. Another averaged 150 mph for a thousand kilometres. It also broke a lot of records, but that's by the way. Because our real aim was to prove something vitally important to every future owner of a Healey 100 Six. We wanted to show that basic engine parts, transmission, and chassis can stand up to heavy punishment. Well, we certainly proved it up to the hilt.

The new AUSTIN HEALEY 100 SIX

BMC

The Austin Motor Company Limited, Longbridge, Birmingham.

Um dos primeiros anúncios do novo 100-Six, lançado em setembro de 1956. Houve certo exagero em relação à confiabilidade do carro que bateu o recorde. Note que overdrive, rodas raiadas e aquecedor passaram a ser opcionais.

O novo 100-Six

O novo 100-Six, modelo BN4, foi lançado no final de setembro de 1956 e pouco depois já estava à venda. Ao mesmo tempo foram divulgadas informações sobre outras tentativas de estabelecer recordes realizadas anteriormente nos desertos de sal dos Estados Unidos com um carro equipado com uma versão superalimentada e bastante modificada do motor de seis cilindros. O carro rompeu a marca de 320 km/h com Donald Healey ao volante, fato que foi muito explorado na propaganda de lançamento do 100-Six.

As principais características, o estilo e o visual do 100 original foram preservados, mas a bela carroceria de linhas suaves sofreu algumas alterações. Embora a opinião da imprensa e do público a respeito das qualidades do novo carro estivesse longe de ser unânime, o modelo foi o primeiro de uma série de Austin-Healeys de seis cilindros cada vez mais competitivos e admirados, com vitórias em vários ralis internacionais, que se tornaram um grande sucesso de vendas.

A carroceria reestilizada de quatro lugares

Em 1956, as fábricas de Warwick e Longbridge trabalhavam para instalar o novo motor, que era bem mais comprido, na carroceria do Austin-Healey. Para isso, foi necessário levar o radiador mais à frente, o que exigiu modificações no capô, que se tornou mais abaulado. Essa reestilização foi feita em Warwick por Gerry Coker, autor do desenho do carro original. A parte dianteira do capô recebeu uma entrada de ar como uma espécie de complemento da grade. Coker também desenhou uma nova grade do radiador, incorporando as "ondulações" do Austin às suas barras horizontais e eliminando quaisquer semelhanças com a antiga grade do Healey. O capô passou a ter articulação na parte posterior e recebeu duas travas para impedir sua abertura acidental em alta velocidade. Com para-choques redesenhados, aros nos faróis e outras pequenas modificações, o novo carro adquiriu um visual diferente do modelo anterior. A ideia de transformar o 100-Six em um modelo de quatro lugares, que ampliaria sua faixa de mercado, foi de Donald Healey. A principal alteração foi o aumento de 43,7 mm na distância entre eixos, o que exigiu o reposicionamento dos apoios das molas traseiras. O comprimento das portas também aumentou para tornar a carroceria mais longa. O habitáculo foi ampliado para trás, com a criação de um espaço extra com dois bancos que podiam

É possível notar a distância entre eixos do 100-Six, um pouco maior do que a dos carros anteriores, assim como a extensão vinco lateral para além do arco da roda do para--lama traseiro. Este carro, na cor amarelo Primrose, tem rodas de 72 raios no lugar das originais, de 48.

O carro de quatro lugares era, na verdade, um 2+2. Crianças pequenas podiam se acomodar confortavelmente, mas adultos recebiam o vento no rosto se o carro estivesse com a capota abaixada; do contrário, tinham de abaixar a cabeça, que batia no teto, e tampouco havia espaço suficiente para as pernas. Ainda assim, a configuração do novo modelo servia a proprietários de carros esporte com crianças, o que não era o caso dos modelos BN1 e BN2. A capota era acondicionada atrás do banco traseiro.

ser utilizados ocasionalmente por duas pessoas (melhor que fossem crianças), além de um compartimento para a nova capota. Com a instalação dos dois bancos traseiros, o estepe e a bateria – agora apenas uma, de 12 v – foram levados para o interior do porta-malas, e a consequente redução do seu espaço interno gerou muitas críticas. Embora o espaço atrás dos bancos dianteiros pudesse ser utilizado para levar bagagem ou objetos, não era muito adequado devido ao formato do assento dos bancos traseiros. O elegante, mas pouco útil, para-brisa reclinável do 100 também foi eliminado, substituído por uma peça fixa, e as janelas laterais, agora de acrílico, eram de correr. A tampa do bocal do tanque de combustível passou para o lado externo, no painel traseiro, e as portas ganharam fechaduras e maçanetas externas.

O porta-malas não era mais tão amplo quanto o do 100 e se tornou tão reduzido que não comportava sequer uma mala de tamanho médio. Por incrível que pareça, não havia capa para o estepe, que podia sujar a bagagem. A bateria também foi transferida para o porta-malas.

Alterações mecânicas no 100

O motor de seis cilindros tinha prós e contras. O prometido motor mais suave e com maior torque que o antigo quatro-cilindros era, na verdade, mais pesado, vibrava tanto quanto o anterior em alta rotação e tinha menos torque. Embora parecesse impressionante, o novo motor consumia mais combustível sem apresentar nenhuma melhora no desempenho, e quando foi testado em sua configuração original de 102 cv apresentou uma aceleração inferior à do 100 normal, sem falar no 100M.

As revistas àquela época eram menos críticas e deram mais destaque aos aspectos positivos do novo carro, mas o desempenho deixava a desejar, como Geoffrey Healey deixa claro em seus livros. O maior problema do novo motor era a aspiração insuficiente devido ao seu cabeçote de ferro com um sistema de admissão fundido na parte interna como uma "galeria" em vez de um coletor externo. Os dutos eram geminados, impedindo a distribuição ideal da mistura. Os Healeys, em Warwick, perceberam o problema, mas não havia o que fazer.

A caixa de câmbio e o eixo traseiro eram os mesmos do BN2; este, porém, com uma relação mais baixa, de 3,9:1, nos modelos sem *overdrive*. A alavanca de câmbio tinha a mesma posição, deslocada do centro do túnel de transmissão, mas o acionamento da embreagem passou a ser hidráulico. Os tambores de freio de 279 mm também eram iguais aos do quatro-cilindros.

A Miss Salão do Automóvel de Washington, DC, mostra o novo motor do 100-Six. É possível notar a ausência de coletores de admissão separados e os carburadores SU H4 parafusados diretamente ao cabeçote.

O cinzeiro continuou o mesmo do modelo anterior. A alavanca de câmbio deslocada do centro era característica do 100-Six e dos primeiros modelos 3000. Os lavadores de para-brisa eram de série, acionados manualmente através do botão que se vê no painel de instrumentos.

O painel de instrumentos do 100-Six era mais sofisticado devido ao revestimento de couro no lugar da pintura sobre metal dos modelos anteriores. Os instrumentos e sua disposição eram basicamente iguais aos do quatro-cilindros, com pequenas diferenças. A coluna de direção telescópica, mostrada aqui, era de série nos primeiros BN4, mas depois se tornou opcional.

O capô de articulação posterior do 100-Six tinha um vinco central, uma característica exclusiva do modelo, que não foi mantida no 3000.

O emblema do antigo 100 foi adaptado ao novo modelo com o acréscimo de um "6". A grade de barras "onduladas" característica da Austin agradava bastante.

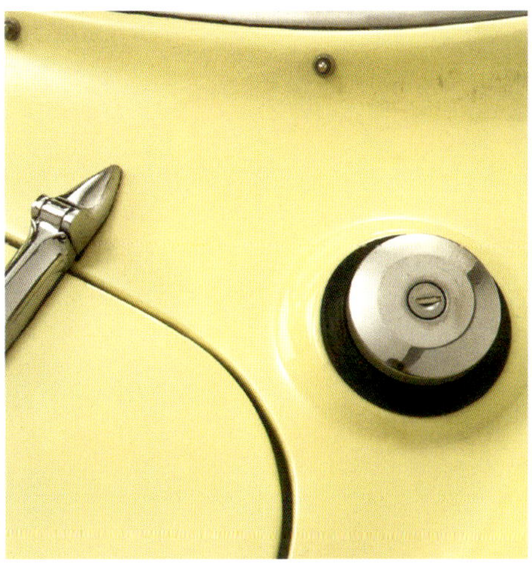

A tampa do bocal do tanque de combustível passou a ser externa, mas esta, com chave, não era de série.

O novo para-brisa era fixo, mas podia ser removido para corridas. Com isso, poucas vezes sofria rachaduras, que eram comuns nos para-brisas inclináveis dos modelos BN1 e BN2.

Especificações: 100-Six (BN4, BN6)

MOTOR

Descrição
Quatro cilindros em linha, bloco e cabeçote de ferro fundido, comando de válvulas no bloco acionado por corrente, válvulas no cabeçote acionadas por varetas e balancins. Coletor de admissão "galeria" integrado ao cabeçote (a partir de novembro de 1957, coletor de alumínio fundido separado). Coletor de escapamento de ferro fundido com tubulação de escapamento dupla. Pistões de alumínio, bielas de aço com casquilhos de metal branco. Virabrequim de quatro mancais

Cilindrada
2.639 cm³

Diâmetro e curso
79,4 mm x 89 mm

Taxa de compressão
8,25:1 (depois 8,7:1)

Potência máxima
102 cv a 4.600 rpm
Depois, 117 cv a 4.750 rpm

Torque máximo
19,6 kgfm a 2.400 rpm
Depois, 20,6 kgfm
a 3.000 rpm

Carburadores
Dois SU H4 (depois, H6, e depois, HD6)

TRANSMISSÃO

Caixa de câmbio
Quatro marchas à frente, com sincronização a partir de 2ª *Overdrive* Laycock de Normanville em 3ª e 4ª

Relações
Overdrive

1ª	3,076:1	
2ª	1,913:1	
3ª	1,333:1	1,037:1
3ª	1,000:1	0,778:1
Ré	4,176:1	

Embreagem
Monodisco a seco de 228 mm Borg and Beck

Cardã
Hardy Spicer com rolamentos de agulha

Eixo traseiro
Par cônico hipoide

Relações de diferencial
3,909:1 normal
4,100:1 carros com *overdrive*

FREIOS

Dianteiros
A tambor Girling, 279 mm × 57 mm com duas sapatas primárias

Traseiros
A tambor Girling, 279 mm × 57 mm

Operação
Hidráulica Girling

Freio de estacionamento
Alavanca central ligada por cabo/haste aos tambores traseiros

SUSPENSÃO

Dianteira
Independente, braços triangulares superpostos, molas helicoidais, amortecedores hidráulicos de dupla ação e barra estabilizadora

Traseira
Eixo rígido, feixes de molas semielípticas de sete lâminas, amortecedores hidráulicos de dupla ação e barra Panhard

DIREÇÃO

Tipo de sistema
Setor e sem-fim Cam Gears. Relação 14:1 até julho de 1958; depois, 15:1

Diâmetro de giro
10,7 m

Volante
De raios de varetas com diâmetro de 419 mm ou 431 mm

RODAS E PNEUS

Rodas
4J × 15 de aço estampado com fixação por cinco prisioneiros/porcas e calotas cromadas
A opção eram rodas de 48 raios com fixação central por

Um BN2 emplacado em Warwick enfrenta as duras condições do Rali Mont Blanc-Iseran de 1956, em Col de la Croisette. Os dois homens de boné devem ser Blockley e Steiner.

porca borboleta e pintura prateada ou cromadas

Pneus
5.90-15 Dunlop RS4 diagonais com câmara

DIMENSÕES

Comprimento
4 m

Largura
1,54 m

Altura (com a capota erguida)
1,24 m

Distância entre eixos
2,34 m

Bitolas
Dianteira: 1,24 m
Traseira: 1,27 m

Distância mínima do solo
140 mm

Peso
1.092 kg
Com *overdrive*
1.105 kg

DESEMPENHO

Carro com motor de 102 cv, testado pela *Autocar* na edição de 2 de novembro de 1956

Velocidade máxima
170 km/h

0-80 km/h
9,3 s

0-96,5 km/h
12,9 s

0-112 km/h
17,5 s

0-128 km/h
22,6 s

0-144 km/h
32,3 s

0-402 m
18,8 s

Consumo médio de combustível
8,2 km/l

O 100S era o carro ideal para as corridas de clubes. Aqui, dois deles participam de uma corrida em Oulton Park, em 1956. O carro da frente é o NOJ 393, com M. Durdy ao volante, e atrás está o raramente visto RLF 500, pilotado por B. Carlow.

Este pitoresco anúncio da época destaca o requinte do 100-Six, de novo na vistosa cor verde Flórida. É possível ver a alavanca de câmbio em posição deslocada.

Embora ilustre o modelo de quatro lugares, este anúncio deve ter sido veiculado pouco depois do lançamento do 100-Six, pois menciona também o modelo de dois lugares (BN6).

1957
Melhorando o desempenho

Com o sucesso nas corridas e os recordes de velocidade estabelecidos por Donald Healey, o Austin-Healey havia adquirido a fama de carro rápido e, portanto, era preciso melhorar o quanto antes o desempenho do 100-Six. O problema estava no cabeçote do motor de seis cilindros, que tinha um coletor de admissão integral e dutos geminados. Com uma nova configuração, que consistia em um cabeçote de doze dutos com coletor externo separado, a potência do motor teve um acréscimo de 15 cv, sem aumento do consumo de combustível. Com esse aumento de potência, o desempenho se tornou ideal, permitindo o relançamento do 100-Six em 1957. Como o novo cabeçote foi testado na corrida Mille Miglia, o departamento de marketing decidiu explorar a oportunidade, denominando o carro 100-Six MM no mercado americano.

Os catálogos do 100-Six

O catálogo de 1957-58 para o Reino Unido, com oito páginas, trazia ilustrações em cores do 100-Six em vez de fotografias, descrevendo o modelo como um "quatro-lugares ocasional". Na capa, havia um carro na cor azul Healey em movimento, cujo motorista usava aquele boné clássico. Nas páginas internas, o mesmo homem está ao volante de um carro de duas cores com volante na esquerda, conversando com um cavalheiro de terno, talvez falando sobre o custo dos equipamentos que eram de série (rodas raiadas, *overdrive* e aquecedor) e que se tornaram opcionais cobrados à parte. Quanto à pintura de duas cores, não se sabe ao certo se era cobrada à parte. Algumas fontes dizem

que não, enquanto outras afirmam que custava 9 libras. O catálogo dava grande destaque aos bancos traseiros ocasionais e à "potência de sobra" do motor de 117 cv e doze dutos. A ilustração do motor mostrava o lado das velas de ignição, impedindo a visualização dos novos coletores de admissão! Havia também uma ilustração da suspensão dianteira, entre vários outros detalhes. Esperava-se que os compradores de Healey se interessassem por esses detalhes técnicos.

A opinião da imprensa

"Um bom carro sob todos os aspectos", escreveu a revista *Autocar* em sua edição de 2 de novembro de 1956 sobre seu teste de rua. Os jornalistas elogiaram a maciez e o torque do motor, dizendo que sua elasticidade era ainda maior que a do antigo quatro-cilindros (um argumento a respeito do qual os proprietários talvez discordassem). Embora o seis-cilindros fosse de fato mais suave em baixas rotações do que o quatro-cilindros, e também respondesse mais rápido desde os giros mais baixos, não tinha o mesmo ronco. A revista teve de reconhecer que a aceleração do 100-Six era inferior à do seu precursor, devido ao fato de pesar 118 kg a mais do que este. No entanto, o novo motor tinha a mesma capacidade de manter altas velocidades com facilidade. A capota e as janelas laterais aprimoradas agradaram, mas os jornalistas notaram que o trabalho de erguer a capota demorava muito. Outro aspecto negativo era a falta de espaço para a bagagem com os bancos traseiros ocupados, o que levou à sugestão de fixar o estepe no exterior do carro. No todo, a revista *Autocar* considerou o novo Healey rápido, seguro e fácil de dirigir — um carro que parecia ser "excepcionalmente robusto".

John Bolster, da *Autosport*, teve uma boa impressão quando testou o 100-Six, em outubro de 1956, um dos dez carros daquele modelo cedidos à imprensa para testes. Ele conseguiu atingir uma velocidade indicada de 177 km/h com um carro ainda não amaciado e quase novo e notou que a suspensão era excelente, mesmo em ruas de paralelepípedo. O consumo de combustível foi de 8,1 km por litro, mas o tempo de aceleração de 0-96,5 km/h, de 13,2 s, foi muito pior que o do modelo anterior. Na opinião de Bolster, "o carro superava seu precursor especialmente em maciez e baixo nível de ruído". Ele conseguiu também sair em quarta com o carro parado, mostrando sua grande flexibilidade. Nos Estados Unidos, a *Sports Car Illustrated* estabeleceu o tempo de 11,6 s de 0-96,5 km/h, muito melhor que os obtidos pelas revistas britânicas. O jornalista reclamou da pouca distância do solo e também criticou a baixa altura do teto com a capota erguida. A estabilidade com os pneus Dunlop Road Speed foi considerada excelente, mesmo com chuva.

Embora tivesse tido de esperar até agosto de 1957 para testar o 100-Six, Bill Boddy, da *Motor Sport*, ainda pegou o modelo com motor de 102 cv, e não o de 117 cv, que estava prestes a ser lançado. Era provável que aquele fosse um carro com algum defeito de fabricação, pois o jornalista relatou "oscilação do painel e trepidação persistentes" em trechos de pavimento irregular e também disse que teve dificuldade em lidar com a capota retrátil. Fora isso, ele gostou do 100-Six, elogiando seu visual, à exceção da grade do radiador, que achou "muito feia".

Embora alguns jornalistas tenham achado o desempenho do novo carro inferior ao do quatro-cilindros, todos concordaram que ele era mais confortável e refinado, e até mais adequado às necessidades dos motoristas no dia a dia. "Vale o preço", foi um dos comentários mais frequentes.

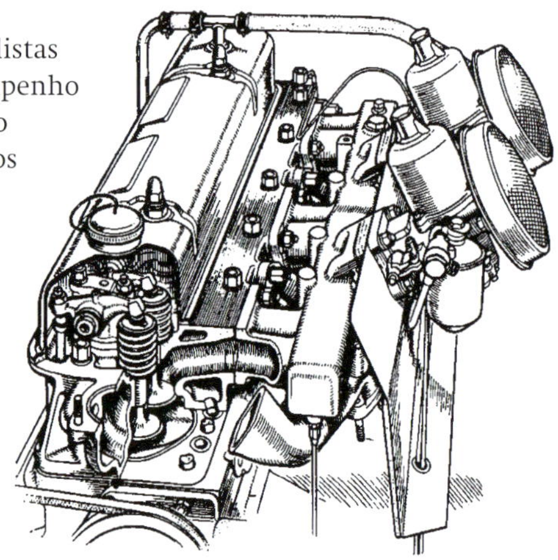

O novo sistema de admissão do 100-Six ano-modelo 1958. Há agora um defletor térmico para proteger os carburadores do calor do sistema de escapamento.

O motor de seis cilindros

O motor Série C da BMC foi projetado por sua subsidiária Morris Engines para equipar toda a sua linha de sedãs grandes, portanto, seria conveniente utilizá-lo no Austin-Healey. O diâmetro e curso do motor de 2.639 cm³ eram, respectivamente, 79,4 mm e 89 mm; um curso muito mais curto que os 111,1 mm do quatro-cilindros derivado do A90. Embora isso, na teoria, permitisse uma maior rotação máxima, sua faixa vermelha era a mesma do modelo anterior, 4.800 rpm. Entretanto, o seis-cilindros era, sem dúvida, muito mais suave. A taxa de compressão era de 8,25:1, com dois carburadores SU H4 de 38 mm, e o coletor de admissão incorporado ao cabeçote de ferro fundido. O virabrequim tinha quatro mancais e acionava por corrente o comando de válvulas montado no bloco. As válvulas, do tipo convencional

Este motor 100-Six com cabeçote de doze dutos e 117 cv utilizava carburadores SU H6.

nos cabeçotes, atuavam por varetas e balancins. O bloco e o cabeçote de ferro fundido tornavam o motor bem pesado. O torque era de 19,6 kgfm a 2.400 rpm, pouco inferior aos 20,7 kgfm a 2.000 rpm do carro de quatro cilindros. A potência, porém, era de 102 cv (brutos) a 4.600 rpm, contra 90 cv (brutos) a 4.600 rpm do modelo antigo.

As críticas ao novo motor se concentravam no torque um pouco menor e na aspiração deficiente e, por isso, pouco antes de o carro entrar em produção, o cabeçote foi redesenhado. O protótipo com o cabeçote de doze dutos foi utilizado pela primeira vez no 100-Six BN4 de Tommy Wisdom, inscrito na Mille Miglia de 1957, e foi um sucesso. Com isso, em novembro de 1957, foi lançado o 100-Six com doze dutos, comercializado nos Estados Unidos como 100-Six MM durante algum tempo. Foi produzido um novo coletor de admissão separado, com um duto de admissão para cada cilindro. Além disso, os carburadores foram substituídos por dois SU H6 de 44 mm, a taxa de compressão aumentou para 8,7:1, e foram adotadas válvulas maiores. Havia também seis dutos de escapamento, daí a denominação de doze dutos. O ganho de potência foi de 10%, com 117 cv a 4.750 rpm, e o torque aumentou para 20,6 kgfm a 3.000 rpm. Com essas modificações, o desempenho do novo motor se igualou ao do antigo quatro-cilindros e se tornaria ainda maior com a cilindrada aumentada para 2.912 cm³ no futuro modelo 3000. O preço do 100-Six de doze dutos sofreu um acréscimo de 55 libras em relação ao modelo de cabeçote "galeria", com o modelo básico passando a custar 817 libras, sem os impostos. No mercado do Reino Unido, o aumento elevou o preço total de 1.144,35 libras para 1.226,85 libras.

O motor 100-Six com cabeçote de doze dutos com a pintura correta, na cor "cinza Steel Dust". A proteção do ventilador, na cor vermelha, também está correta, embora não fosse original de todos os 100-Six.

Austin-Healey
AUSTIN HEALEY
100/3000 REGISTER
CLUB
XNX 770

A placa de identificação do chassi e lote do 100-Six.

Tudo é opcional!

No lançamento, em 1953, o 100 vinha sem opcionais, mas com o 100-Six deu-se o inverso. A fim de baixar ao máximo o preço básico do modelo, o departamento de vendas tornou opcionais vários equipamentos que antes eram de série. Talvez para enfrentar a concorrência do TR3, não só pelo fato de o TR ser mais barato, mas também porque sempre foi oferecido na versão básica.

No começo de 1956, o preço básico dos últimos 100 BN2 era de 806 libras, incluindo *overdrive*, rodas raiadas, pneus Road Speed e aquecedor. O 100-Six foi lançado ao preço básico de 762 libras, ao qual se somavam 69 libras pelo *overdrive*, 23 libras pelo aquecedor e 46 libras pelas rodas raiadas com pneus Road Speed, perfazendo o total de 900 libras. Era uma diferença substancial para um carro mais lento. O TR3, com os mesmos equipamentos, foi lançado por pouco menos de 800 libras, em outubro de 1956, e já tinha freios a disco, que o Healey só viria a ter quase três anos depois.

Outro opcional, oferecido pela primeira vez, era um teto rígido de fábrica, muito bonito, que custava 90 libras e permaneceu igual até meados dos anos 1960. A pintura em duas cores, cada vez mais popular, passou a custar 15 libras, mas destacava bem o visual do carro. Além desses itens, havia uma série de outros acessórios à venda através da rede de concessionários da Donald Healey Motor Co.

O acabamento interno da porta do 100-Six vista de cima. A maçaneta interna de abertura da porta está na extremidade dianteira. A parte da frente da janela lateral era presa por um pino de encaixe, e a traseira era fixada pelo botão giratório cromado na parte de trás. Os porta-objetos nas portas eram muito práticos.

Esta foto em ângulo mais baixo destaca a entrada de ar acima da grade principal nos modelos de seis cilindros. Os aros dos faróis eram diferentes dos utilizados nos carros anteriores, assim como os para-choques.

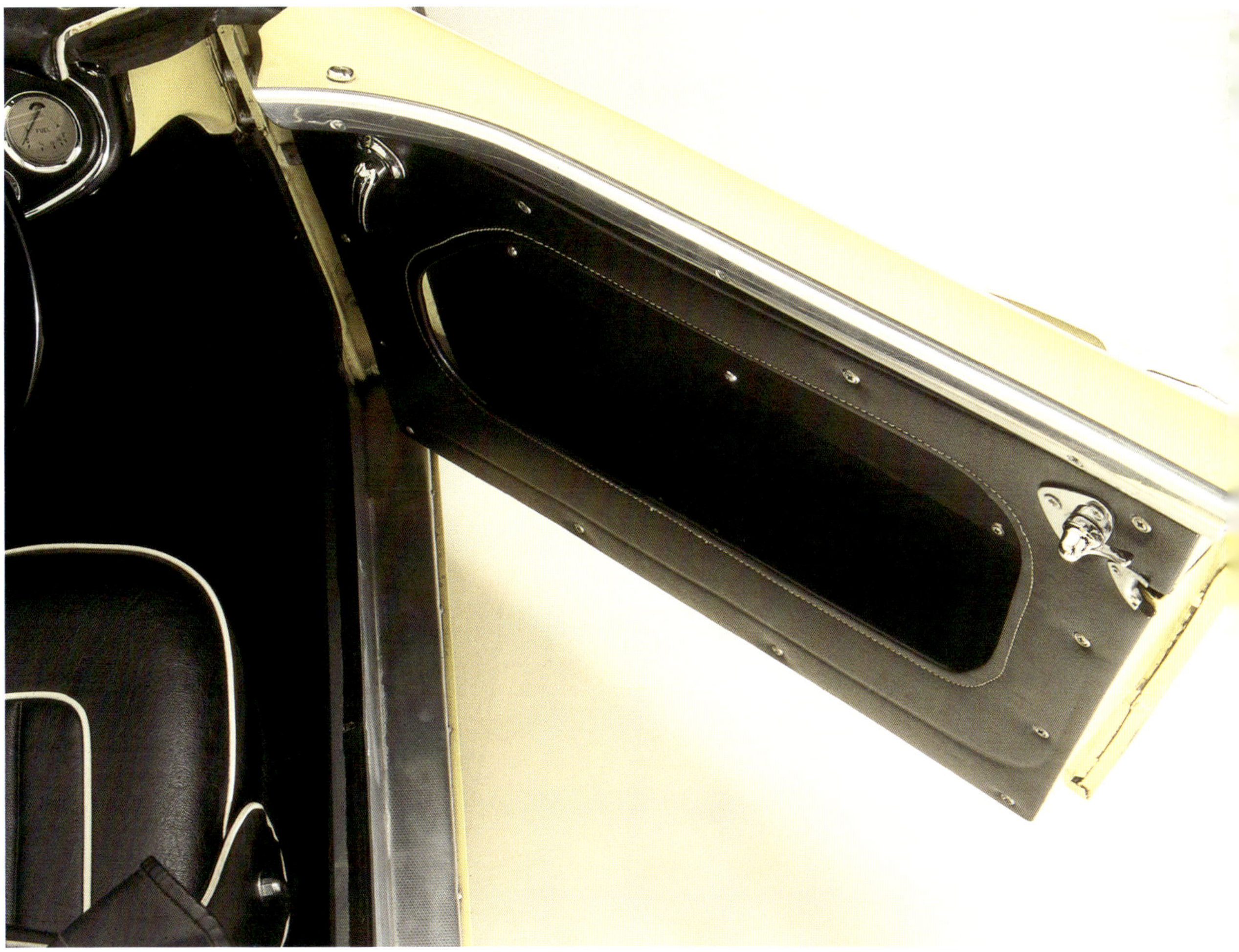

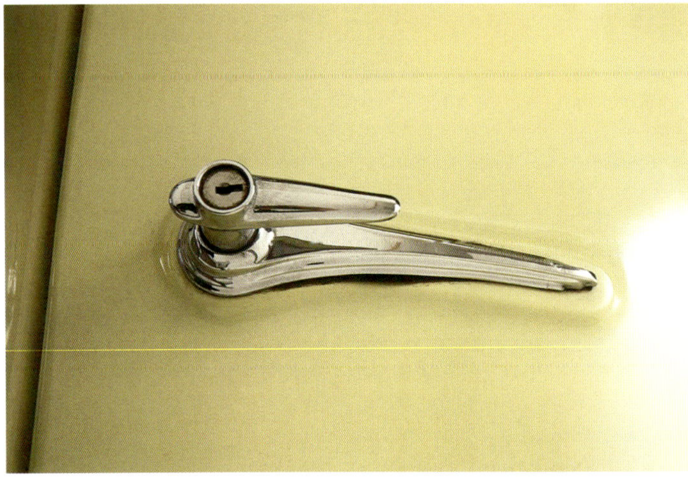

Todos os exemplares do modelo BN1 de 1953 até o BJ8, em 1967, tinham a maçaneta da tampa do porta-malas com chave.

O pequeno friso cromado nos para-lamas dianteiros dos "Big Healeys" nunca foi modificado. Os modelos seis-cilindros tinham esta linha curva estampada nos para-lamas dianteiros, atrás do arco da roda, bem visível aqui.

O Austin-Healey começava a se tornar mais sofisticado: havia agora uma maçaneta externa, embora só pudesse ser trancada por dentro, do lado do passageiro. Também é possível notar um fecho giratório de fixação da capota ao habitáculo.

Observe a borda elevada da plataforma traseira ao redor do encosto dos bancos traseiros, em comparação às formas mais suaves dos modelos anteriores (e posteriores) de dois lugares. O público jovem dos anos 1950 gostava de carros esporte com canos de escapamento duplos.

XNX56

Além dos elegantes tetos rígidos de fábrica, surgiram vários outros modelos produzidos por terceiros. O mais estranho deles era esta "bolha" de acrílico transparente, chamada Plexidome. Com o tempo, ela se tornava amarelada, além de esquentar demais no sol. Note que este carro tem rodas de aço estampado de série com calotas cromadas.

Um 100-Six 1957 modificado. Este carro, licenciado em Warwick, era equipado de fábrica com freios a disco Dunlop nas quatro rodas. Propriedade do autor nos anos 1980, o carro tinha um escapamento direto, muito barulhento, que saía por baixo da porta do passageiro. O escapamento era tão baixo que era preciso muito cuidado ao sair com o carro da garagem. Divertido, mas nada prático!

O raro 100-Six com freio a disco

Muito pouco se falou a respeito do pequeno lote de cerca de cinquenta carros 100-Six de série produzidos no segundo semestre de 1957, equipados com freios a disco Dunlop nas quatro rodas, como os dos 100S de dois anos antes. Esses carros existiram com certeza – o autor foi proprietário de um deles, modelo BN4 com cabeçote de doze dutos, fabricado em Longbridge e licenciado em Warwick como XNX 56. Os carros foram fabricados quase na mesma época em que a produção do Austin-Healey estava sendo transferida de Longbridge para Abingdon, e diz-se que a mudança nos freios teria sido feita na fábrica da Healey em Warwick. Seriam esses carros destinados a homologação, ou teria mesmo havido a intenção de produzir modelos 100-Six com freios a disco nas quatro rodas? O modelo 3000 foi lançado com esse sistema de série, mas somente nas rodas dianteiras, e da marca Girling. Quando o servofreio do sistema Dunlop do carro do autor apresentou problemas, foi muito difícil encontrar peças de reposição. O 100-Six Mille Miglia de Tommy Wisdom (UOC 471) tinha freios a disco Dunlop nas quatro rodas, portanto, é provável que os carros daquele lote, que teriam sido oferecidos a clientes especiais, também os tivessem. Outra explicação plausível é a de que teriam sido encomendados cem conjuntos de freios a disco Dunlop para os 100S, mas, como foram necessários apenas cinquenta, os restantes podem ter equipado esses 100-Six.

De Longbridge para Abingdon

Embora as carrocerias continuassem sendo fornecidas pela Jensen Motors, de West Bromwich, e fossem entregues já com os chassis, no segundo semestre de 1957 a montagem final do Austin-Healey foi aos poucos transferida para a fábrica da MG em Abingdon-on-Thames, na época em Berkshire, mas hoje localizada em Oxfordshire. A ideia era centralizar em uma só fábrica a produção de todos os carros esporte da BMC. Os receios dos funcionários da Healey de que os carros fossem parar nas mãos do "antigo inimigo" se mostraram infundados, pois os que eram fabricados em Abingdon tinham padrões de qualidade e acabamento bem superiores aos produzidos em Longbridge. Quase na mesma época da transferência, surgiram o cabeçote de doze dutos e as mudanças relacionadas a ele. Alguns dos últimos BN4 produzidos em Longbridge tinham esses cabeçotes, inclusive o XNX 56, que pertenceu ao autor, embora antes se acreditasse que essa modificação só tivesse ocorrido nos carros fabricados em Abingdon. No final de novembro de 1957, os 100-Six começaram a ser produzidos em Abingdon – iniciava-se então uma nova era para o "Big Healey".

O botão de fixação da janela lateral e o batente da fechadura da porta. O pesponto no acabamento da porta ao redor do porta-objetos também está correto.

Um 100-Six muito bem restaurado, na cor vermelho Colorado, uma das mais populares e tradicionais dos Healeys de seis cilindros. Embora o 100-Six e os primeiros 3000 fossem muito parecidos, os freios dianteiros a tambor e o vinco no centro do capô permitiam identificar o 100-Six; além disso, havia o emblema na grade do radiador.

Um 100-Six mais potente

Depois do lançamento do problemático motor com cabeçote "galeria" em 1956, Donald, Geoffrey Healey e sua equipe tiveram muito trabalho. O carro que em 1956 quebrou o recorde de velocidade, a 320 km/h, estava equipado com uma versão superalimentada daquele motor, potente, mas pouco confiável. Em 1957, foi estabelecido um programa muito restrito de participação em alguns ralis e corridas, que começou com um carro de inscrição particular, o antigo 100-Six de imprensa (UOC 741), pilotado por Tommy Wisdom, mas preparado em Warwick por conta da BMC. Equipado ainda com aquele cabeçote, o carro participou do Rali Sestrière, mas teve um desempenho ruim, apesar de ter chegado ao final. Após o relato de Wisdom, a Healey aprimorou o carro, produzindo um protótipo de cabeçote com doze dutos para a Mille Miglia. Nessa corrida, o carro se classificou razoavelmente bem, em 37º lugar na geral, e primeiro em sua classe, na categoria de "preço limitado". Além de freios a disco nas quatro rodas, o carro recebeu um bom reforço no departamento de chassis, em Warwick, com base na experiência acumulada com o 100S. O UOC 741 foi o primeiro de uma bem-sucedida série de Austin-Healeys seis-cilindros de corrida, que foram aperfeiçoados até 1958, resultando no protótipo do Healey 3000. Isso, no entanto, aconteceu depois, através do departamento de competições da BMC. Nesse ínterim, o pessoal em Warwick andava ocupado com outro projeto, que foge ao tema deste livro: o desenvolvimento do Austin-Healey Sprite.

WSV 317

1958
Dois ou quatro lugares

A adoção do cilindro com doze dutos foi fundamental para o desenvolvimento do Austin-Healey de seis cilindros, que se tornou um dos mais bem-sucedidos carros de rali da época. Em 1958, o departamento de competições da BMC em Abingdon passou a ser responsável pelo preparo do Healey, produzindo o primeiro de uma série de Healeys que competiram pela fábrica em ralis durante uma década inteira.

Desde o fim da produção do Healey de dois lugares, em 1956 (no início, só havia o modelo 100-Six de quatro lugares), o público pedia a volta daquela versão, em particular para corridas. Era mais leve e mais aerodinâmico sem aquele recorte para o espaço dos bancos traseiros, e, além disso, quem não tinha necessidade de bancos traseiros podia contar com um porta-malas mais espaçoso. Assim, o 100-Six de dois lugares (modelo BN6) foi lançado no primeiro semestre de 1958 e vendeu tanto quanto o quatro-lugares até o final de março de 1959, quando a produção do 100-Six se encerrou.

A publicidade do 100-Six

O 100-Six com cabeçote de doze dutos foi objeto de uma intensa campanha publicitária no começo de 1958, provavelmente para pôr fim aos comentários de que os primeiros 100-Six eram mais lentos que o antigo modelo de quatro cilindros. Neste anúncio, veiculado em 1958 na *Autosport*, John Bolster, com seu clássico chapéu de feltro, questiona o piloto de corrida e concessionário Roy Salvadori a respeito do desempenho do carro com o cabeçote de doze dutos. Este responde que "o novo sistema de admissão melhora muito a aceleração, especialmente em quarta, de 80 a 130 km/h. Você conhece os detalhes técnicos –, um duto por cilindro melhora muito o fluxo dos gases [...] O Austin-Healey já tinha uma boa aceleração, mas agora é fora de série".

Este 100-Six em exposição no estande da BMC no Salão de Genebra, em 1958, é muito diferente da limusine Austin Princess ao fundo.

A volta do dois-lugares

O belo visual do modelo de dois lugares relançado. A traseira lembra a dos BN1/BN2 originais, mas o carro recebeu algumas modificações, como a tampa externa do bocal do tanque de gasolina e as maçanetas das portas. O carro da foto é, na verdade, um dos primeiros 3000 BN7, mas o 100-Six BN6 era idêntico a ele.

A partir de setembro de 1956, os compradores não tinham mais escolha, havia somente o Austin-Healey de quatro lugares, mais pesado e com um porta-malas menos espaçoso. Embora a bem-projetada capa do habitáculo protegesse bem os bancos traseiros, a maioria dos proprietários que costumava participar de competições preferia um modelo de dois lugares. Além disso, informações vindas dos Estados Unidos, principal mercado do Austin-Healey, davam conta de que havia demanda suficiente para as duas versões. Como a Jensen já tinha o ferramental para a produção da carroceria de dois lugares, da época dos modelos BN1 e BN2, os fabricantes de carrocerias não teriam dificuldade para relançar aquela versão, mesmo com a maior distância entre-eixos do 100-Six. No novo modelo de dois lugares, designado BN6, o estepe voltou à posição antiga, sobre uma plataforma dentro do porta-malas, e a bateria foi substituída por duas de 6 v, localizadas adiante do eixo traseiro, sob uma tampa articulada. Assim, o carro passou a contar com um porta-malas tão amplo quanto o do antigo BN1, aliado à vantagem da maior potência do motor de seis cilindros com cabeçote de doze dutos e 117 cv de potência. Havia também a capota e as janelas laterais aprimoradas, além de todos os itens de conforto do 100-Six. Com isso, o modelo BN6 reunia as qualidades do BN1 e do BN4, desde que seu proprietário não necessitasse dos dois bancos ocasionais.

Todos esses BN6 eram equipados com o motor aperfeiçoado e montados em Abingdon, e seu preço de tabela era o mesmo do modelo BN4 de quatro lugares. Os primeiros BN6 foram fabricados em março de 1958, e, desde então, durante cerca de seis meses, somente esse modelo foi produzido; nesse ínterim, todas as encomendas do BN4 foram atendidas com os carros disponíveis em estoque. Em outubro de 1958, a produção do BN4 foi retomada, e os dois modelos foram fabricados simultaneamente até o começo dos anos 1960. As vendas do dois-lugares eram em geral menores que as do BN4, sobretudo depois de a demanda reprimida que havia por aquele modelo ter sido satisfeita, entre 1958 e 1959.

Todos os Austin-Healeys tinham esta saia entre o para-choque dianteiro e a parte inferior do painel da carroceria, mas nota-se a sua ausência em alguns deles atualmente.

Um teste de rua nos Estados Unidos

Um dos poucos testes de rua completos com o modelo BN6, de tão breve existência, foi realizado em novembro de 1958 pela revista americana *Sports Cars Illustrated*. A reportagem comentava a durabilidade do Healey, dizendo que ele tinha "a resistência esperada de um carro esporte" e que seu chassi "era firme como a Ponte Golden Gate". O limite oficial de rotações do novo motor havia passado a ser de 5.200 rpm, mas, apesar disso, a revista dizia que os 100-Six que participavam de corridas nos Estados Unidos costumavam atingir 5.500 rpm sem problemas. A facilidade da troca de marchas causou uma boa impressão, assim como a estabilidade, que os jornalistas consideraram superior à do Healey anterior, pois a antiga tendência a sair de traseira havia sido eliminada.

A capota do 100-Six também foi elogiada, enquanto a do antigo quatro-cilindros foi desmerecida, descrita como "nada mais que uma capa de chuva"! O desempenho foi bom como sempre, embora os resultados obtidos pela revista não fossem expressivos: por exemplo, 0-96,5 km/h em 11,9 s. O consumo médio de combustível foi excelente, ao redor de 10,6 km por litro. Em resumo, a influente publicação sintetizou sua impressão a respeito do BN6 na palavra "suave", e disse que ele era "uma rara combinação entre pureza de estilo e apelo de mercado".

O motor de doze dutos do 100-Six com o radiador situado bem à frente; devido à altura do seu reservatório, foi necessário criar uma entrada de ar no capô para acomodá-lo. O capô de articulação traseira tinha um mecanismo central de abertura, além de travas de segurança extras em ambos os lados.

A tampa traseira da capota e sua armação foram afastadas nesta foto para permitir a visualização do bom compartimento.

Na traseira do 3000 não havia nenhuma menção ao nome do modelo, nem à sua cilindrada, mas apenas o emblema "Austin-Healey". As bases dos refletores do 100-Six eram integradas à carroceria em vez de ser fixadas a ela, como ocorria nos carros de quatro cilindros.

Abingdon assume as competições

Embora o 100-Six 1957 de rali de Tommy Wisdom tivesse sido preparado na fábrica da Healey em Warwick, o fato é que a empresa era especializada em corridas e recordes de velocidade. Portanto, não foi surpresa a decisão da BMC, no começo de 1958, de deixar o preparo dos "Big Healeys" de rali a cargo da fábrica de Abingdon, que já contava com um bem-sucedido departamento de competições (sob a direção de Marcus Chambers). A Healey permaneceu encarregada de preparar os carros de corrida em circuito durante boa parte da década de 1960. É por isso que, a partir de 1958, todos os Healeys de rali da fábrica foram emplacados em Berkshire/Abingdon, com as séries de prefixos MO, RX e JB, enquanto os carros de corrida de circuito continuaram com licenças de Warwick (tais como 54-57 FAC).

O UOC 741 de Wisdom, um 100-Six antes utilizado como carro da empresa por seu vice-presidente, Sir George Harriman, foi transferido para Abingdon, recebendo a placa TON 741. Três novos 100-Six de teto rígido foram acrescentados à frota, os BN6 de dois lugares que se tornaram conhecidos como PMO 201, 202 e 203. O departamento de competição inscreveu todos os cinco carros no Rali dos Alpes de 1958. Embora um dos carros tivesse ganhado uma taça Coupe des Alpes (nome oficial do Rali dos Alpes), terminando em sétimo lugar, e Pat Moss recebido o Ladies Prize, o resultado não foi nada excepcional, especialmente considerando que os Triumph TR3 conquistaram o prêmio de equipe em sua classe de cilindrada, apesar do motor 500 cm³ menor que o do Healey. Mesmo assim, o Rali dos Alpes foi um bom começo, e depois, na difícil prova Liège-Roma-Liège, Pat Moss conseguiu se classificar em quarto lugar na geral com uma bela atuação ao volante do PMO 201, e a equipe ganhou o prêmio de equipe de fábrica. Apesar disso, Abingdon teria de esperar até o lançamento do Austin-Healey 3000, no ano seguinte, para ver as coisas começarem de fato a melhorar.

Os pilotos dos 100-Six no Rali Liège-Roma-Liège, em 1958, com dois dos carros PMO. Aparecem na foto Gerry Burgess, Sam Croft-Pearson, Pat Moss, Ann Wisdom, Nancy Mitchell, Anne Hall, Sam Moore e Tom Johns.

Os últimos ralis do 100-Six

No começo de 1959, o 100-Six ainda era um modelo atual, e o departamento de competições de Abingdon continuou participando de ralis com os carros PMO. A dupla Jack Sears e Peter Garnier foi a vencedora na categoria GT do Rali das Tulipas, terminando em oitavo lugar na classificação geral, mas Pat Moss e Ann Wisdom tiveram de abandonar a prova devido a um acidente. O mesmo aconteceu no Rali da Acrópole, encerrando a participação dos 100-Six da fábrica nos ralis.

)TOR SPORT 688 OCTOBER, 195

Austin-Healey
break 7 World Records on
CASTROL

Driving an Austin-Healey at Montlhéry (9-12/9/58) a group of Cambridge University students have just broken a series of International Class D World Records. These range from 2 days at 98.73 m.p.h. to 4 days at 97.04 m.p.h. The car relied on Castrol as recommended by Austin-Healey.
(Subject to official confirmation)

Uma prova de resistência

Em setembro de 1958, a pista superelevada do circuito de Montlhéry, próxima a Paris, foi palco de uma impressionante demonstração de resistência em alta velocidade, que envolveu um 100-Six de teste (emplacado como VOK 490) e uma equipe de sete estudantes da Universidade de Cambridge. A iniciativa, que foi um sucesso, contou com a participação de Marcus Chambers e do departamento de competição de Abingdon, mas a organização e o planejamento ficaram a cargo do Cambridge University Auto Club. Com uma equipe de pilotos se revezando, o carro com teto rígido e quase sem nenhum preparo percorreu os 4.828 km iniciais a uma velocidade média, incluindo as paradas, superior a 160 km/h. A velocidade máxima registrada foi de 190 km/h, mas a pista de concreto irregular acabou afetando a suspensão, levando à quebra das molas traseiras. Depois de reparado, o carro circulou pela pista durante quatro dias e quatro noites, percorrendo um total de 15.000 km a uma velocidade média superior a 160 km/h, batendo vários recordes. A manutenção de rotina era feita com rapidez durante as trocas de pilotos. Com esses recordes e os anteriores estabelecidos por Donald Healey, a marca Austin-Healey passou a acumular todos os recordes internacionais de carros de série até 16.000 km.

Jack Sears e Peter Garnier no UOC 741, o primeiro 100-Six de rali da fábrica, que foi muito utilizado, em um posto de controle na França durante o Rali das Tulipas, em 1958.

Quinze opções de cores!

Na segunda metade dos anos 1950, havia muitas opções de cores – em contraste com os monótonos tons de azul, preto e cinza do começo do pós-guerra. O mercado dos Estados Unidos passara a contar com uma variedade de combinações de pintura em duas cores (algumas das quais um tanto espalhafatosas), e a BMC acompanhou a tendência para os Austin-Healeys. O vinco nas laterais tornava o "Big Healey" muito mais adequado à pintura em dois tons do que o MGA ou o TR3. Muitas vezes, o teto rígido opcional era pintado na mesma cor da parte inferior, aumentando o contraste. O autor se recorda de um 100-Six nas cores amarelo Primrose e preto com teto rígido preto e estofamento amarelo que havia na vizinhança quando era jovem. Certamente era possível

Uma cena inglesa clássica: um 100-Six azul Healey e uma casa de campo com estrutura de madeira aparente. Esta foto foi feita no final dos anos 1980, mas poderia muito bem ter sido feita trinta anos antes.

encomendar um 100-Six todo preto, inclusive o teto rígido, mas duvido que tenha havido muitos carros assim, exceto os destinados à polícia.

As cores únicas disponíveis eram: preto, branco Ivory, vermelho Colorado, verde Flórida, Verde Pacific, azul Healey e amarelo Primrose.

Estas eram as oito combinações de duas cores (a primeira sendo a da parte superior): amarelo Primrose/preto, verde Pacific/verde Flórida, branco Ivory/preto, preto/vermelho Colorado, verde Flórida/branco Ivory, verde Pacific/branco Ivory, azul Healey/branco Ivory e preto/branco Ivory.

Como opção, o teto rígido podia ser fornecido em *primer* para posterior pintura na cor desejada, permitindo uma variedade de combinações.

Números do 100-Six em 1956-1959

A produção total do 100-Six de 1956 a 1959 foi de 15.444 unidades. A fábrica de Longbridge produziu 7.053 modelos BN4 de setembro de 1956 a dezembro de 1957. Destes, a maior parte tinha os cabeçotes originais "galeria", e uma parte, cujo total é desconhecido, tinha cabeçotes de doze dutos. Após a transferência da produção para Abingdon, foram produzidas 8.391 unidades do 100-Six (todas com cabeçote de doze dutos) entre novembro de 1957 e março de 1959. Desse total, 4.241 eram BN4 de quatro lugares e 4.150 eram BN6 de dois lugares.

Infelizmente, as informações disponíveis em Longbridge não discriminavam a distribuição das vendas por mercado, mas sabe-se que somente 284 modelos BN4 e BN6 fabricados em Abingdon, meros 3,4% do total, se destinaram ao mercado interno. Foram produzidos apenas 506 carros com volante na direita, representando 6% do total. A maioria dos carros com volante na esquerda, cerca de 7.000 dos 8.391 modelos 100-Six fabricados em Abingdon, foi exportada para os Estados Unidos. Nos últimos quinze anos, uma quantidade considerável de carros foi exportada de volta dos Estados Unidos e da Europa Continental para a Grã-Bretanha. É provável que haja mais "Big Healeys" hoje na Grã-Bretanha do que o total de unidades desse modelo zero-quilômetro originalmente vendidas naquele mercado.

AUSTIN-HEALEY 3000 MkI

1959–1961

1959
Um "Big Healey" mais potente

A necessidade de mais potência levou à transformação do 100-Six no modelo 3000, em meados de 1959. Logo depois do encerramento da produção do 100-Six, em março de 1959, Abingdon produziu as primeiras unidades do 3000, mas o modelo só foi anunciado após a formação de um estoque suficiente para o lançamento. Com a cilindrada do motor aumentada para 2.912 cm³, além de ter uma maior velocidade máxima, o carro podia participar das corridas e ralis internacionais na classe de 3 litros. Como seu peso era maior, a aceleração se manteve igual à do modelo anterior, apesar do ganho de potência, que passou a ser de 124 cv. A outra novidade foi a adoção, por fim, de freios a disco dianteiros – e já não era sem tempo, pois o Triumph TR3 utilizava o equipamento havia dois anos e meio.

Um motor mais potente

O aumento da cilindrada para 2.912 cm³ exigiu um novo bloco com galerias de água modificadas a fim de permitir o aumento do diâmetro para 83,36 mm, sem alteração do curso de 89 mm. A parte posterior do cárter recebeu um reforço externo, o amortecedor do virabrequim foi aperfeiçoado e uma bomba de óleo de engrenagens passou a ser utilizada. Em 1959, a grande disponibilidade de gasolina de alta octanagem permitiu o aumento da taxa de compressão para 9,03:1 com dois carburadores SU HD6 de 44 mm e os cabeçotes de doze dutos. Os anúncios informavam uma potência (bruta) de 130 cv a 4.750 rpm, embora algumas revistas citassem o número líquido de 124 cv a 4.600 rpm. O torque também aumentou, para 23 kgfm a 2.700 rpm. Essas modificações, porém, tornaram o carro um pouco mais pesado, com 1.118 kg informados pela fábrica. A antiga embreagem com disco de 228 mm foi substituída por uma Borg and Beck de 254 mm, e a caixa de câmbio foi reforçada. As rodas dianteiras receberam freios a disco Girling de 285 mm no lugar dos antigos tambores de 279 mm do modelo BN2.

De resto, o carro sofreu poucas modificações, e na parte externa era difícil distinguir os primeiros 3000 dos últimos 100-Six produzidos. Entretanto, por algum motivo desconhecido, ao contrário do 100-Six, as portas do 3000 não tinham tranca. Ambas as versões, de duas e quatro portas, foram mantidas, aquela como modelo BN7, e esta designada BT7. As opções de cores também eram as mesmas do 100-Six.

Desde seu lançamento, o 3000 foi um sucesso de vendas, ultrapassando com folga o 100-Six, que, da perspectiva atual, poderia ser considerado uma espécie de modelo provisório. O Austin-Healey 3000 se tornou conhecido como um carro confortável, capaz de percorrer maiores distâncias, com um diferencial mais longo que o do 100-Six. A relação de diferencial 3,9:1, antes usada apenas nos carros sem *overdrive*, passou a ser adotada nos modelos equipados com o dispositivo, ficando a relação 3,545:1

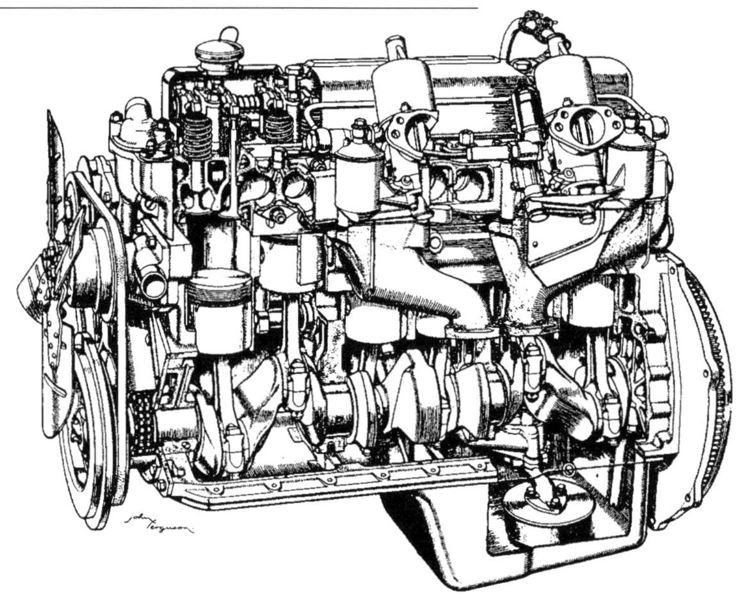

Um dos lindos desenhos da Autocar *mostra o funcionamento do motor do 3000 engine. À esquerda do carburador principal está o carburador auxiliar controlado por termostato, usado em partidas a frio. Esse dispositivo horroroso acabou sendo considerado um mal desnecessário e excluído no fim de 1959.*

reservada aos raros carros que não contavam com esse opcional. O *overdrive* com a relação 3,9:1 proporcionava ao carro uma relação final bastante baixa, para a qual a potência do motor era suficiente.

Embora a potência fosse muito superior à dos primeiros carros, a aceleração de 0-96,5 km/h, por incrível que pareça, permaneceu na faixa dos onze segundos. Entretanto, a velocidade máxima aumentou bastante, para 180 km/h, e era alcançada com facilidade. O tempo de 0-160 km/h passou a ser informado, variando entre 36 s e 39 s. O ponto alto do carro, no entanto, ficava por conta da elasticidade do grande motor seis-cilindros – ele era realmente rápido e realizava ultrapassagens com facilidade.

Enfim, freios a disco! O equipamento foi adotado no Austin-Healey com dois anos e meio de atraso em relação ao Triumph TR, e até mesmo depois de já ser utilizado em alguns sedãs mais comuns. Esta é a roda correta original de 48 raios, hoje em dia não raro substituída por modelos de sessenta, ou até mesmo de 72 raios por proprietários preocupados com a resistência das rodas originais. Entretanto, rodas de 72 raios podem causar problemas de interferência, ainda mais se utilizadas com pneus 185, mais largos, que sobrecarregam o sistema de direção e a suspensão.

O novo freio a disco Girling instalado no Austin-Healey 3000 modelo 1959. A acentuada curva deste tubo flexível parece perigosa!

Um motor maior em um espaço talvez um pouco apertado, mas o acesso à maioria dos componentes e demais pontos de manutenção ainda era fácil. No entanto, a remoção do motor exigia muito cuidado para evitar danos à saia dianteira, que era de alumínio.

O antigo emblema da grade com o raio continuava o mesmo, mas informava a cilindrada do carro. O emblema original Austin-Healey em formato de asa, criado por Gerry Coker em 1952, foi mantido no 3000 MkI.

A alavanca de câmbio um pouco mais curta, mas ainda fora de centro, foi elogiada pelos jornalistas em testes de rua por sua ação positiva — embora o torque do novo motor de 3 litros eliminasse a necessidade de trocas de marchas constantes.

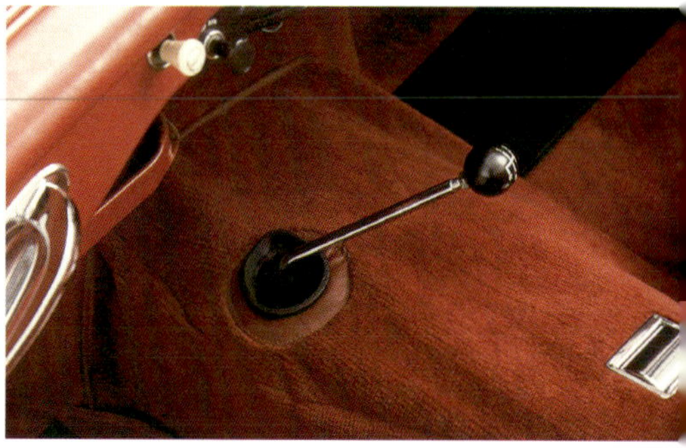

O potente motor 3-litros. O Austin-Healey evoluiu muito em 1959 com o motor grande e a adoção de freios a disco. O carro agora tinha tudo para participar dos ralis internacionais.

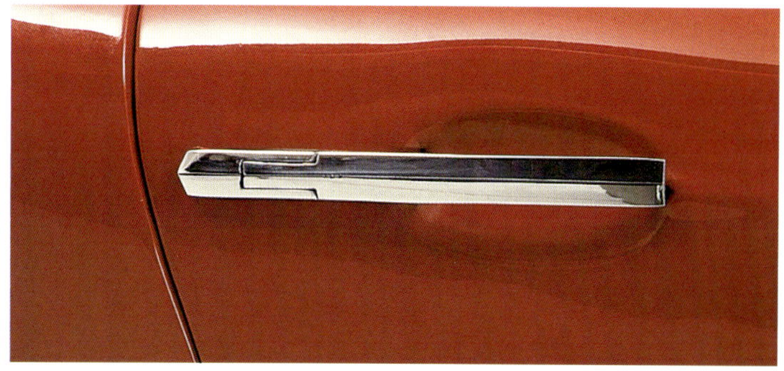

Os modelos seis-cilindros contavam com um eficiente aquecedor, cujo mecanismo era fixado na parte interna de uma das caixas de roda, no compartimento do motor. A caixa do aquecedor, do tipo geralmente utilizado pela BMC, localizava-se sob o painel de instrumentos. O botão "de marfim" de acionamento manual do lavador do para-brisa está à esquerda.

O Healey 3000, como se pode notar por seu acabamento requintado, era um carro esporte de alto padrão.

Uma foto publicitária de fábrica de um dos primeiros 3000 MkI. Visto deste ângulo, as únicas diferenças entre ele e um 100-Six mais recente são o emblema da grade e a ausência dos tambores de freio dianteiros.

Os catálogos do 3000

Há alguns detalhes estranhos no cartaz de lançamento do 3000. O casal no carro é o mesmo da ilustração do catálogo do 100-Six mostrado antes, exceto pelo fato de o motorista ter agora um cachimbo. O 3000 tinha rodas raiadas e pintura em duas cores, mas também o vinco central do capô, que era exclusivo do 100-Six. Entretanto, na ilustração do 100-Six, esse detalhe não aparecia! O modelo do catálogo do 100-Six era de quatro lugares, mas o 3000 da ilustração era um dois-lugares. Talvez o departamento de arte não fosse lá

muito capacitado para desenhar pessoas e aproveitasse ilustrações anteriores.

Esta conhecida foto de capa de catálogo (acima) com os dois modelos mostra bem as diferenças entre os 3000 de dois e de quatro lugares. O dois-lugares verde Flórida com volante na esquerda tem rodas de aço estampado, enquanto o quatro-lugares azul Healey com volante na direita está equipado com rodas raiadas opcionais. A roupa da moça é típica da época de 1959. Pouco comum nas fotos publicitárias da Austin, a placa do carro verde é de Londres, e não de Abingdon ou Birmingham.

Em uma propaganda da marca, o "Big Healey" ultrapassa o Healey pequeno. Observe os sinais de mão, utilizados antigamente, e o fato de que a passageira do carro vermelho parece ter desmaiado. A diferença de classe social entre os ocupantes dos dois carros também transparece, com o motorista do "Big Healey" de chapéu de feltro, paletó e gravata, enquanto o do Sprite, mais modesto, está de gorro e jaqueta.

Os preços do 3000 MkI

Pela primeira vez, havia uma pequena diferença de preço entre as duas versões: o 3000 BN7 básico, de dois lugares, custava 824 libras (1.175 libras com impostos), enquanto o BT7, de quatro lugares, era 5 libras mais caro. Esses preços eram pouco superiores às 817 libras do 100-Six básico, tornando o 3000 muito mais vantajoso com seus freios a disco e melhor desempenho – o que gerou um aumento de vendas quase imediato em todos os mercados. De acordo com a nova política de vendas, vários itens passaram a ser opcionais. Os preços (com impostos) eram: teto rígido 85 libras, *overdrive* 66 libras, rodas raiadas 35 libras, aquecedor 22 libras e rádio 34 libras. Um BT7 de teto rígido completo custava 1.422 libras. Considerando a inflação dos últimos 43 anos, o preço equivaleria hoje a cerca de 20.000 libras, suficiente hoje em dia para se adquirir um MG TF completo, top de linha; portanto, nada mudou!

Especificações: 3000 MkI (BN

MOTOR

Descrição
Seis cilindros em linha com válvulas no cabeçote. Bloco e cabeçote de ferro fundido. Coletor de admissão de alumínio separado e coletor de escapamento de ferro fundido de duas partes com dois canos de escapamento. Comando de válvulas por corrente na lateral. Pistões de alumínio e bielas de aço. Virabrequim de quatro mancais

Cilindrada
2.912 cm³

Diâmetro e curso
83,3 mm 89 mm

Taxa de compressão
9:1

Potência máxima
124 cv a 4.600 rpm

Torque máximo
23 kgfm a 2.700 rpm

Carburadores
Dois SU HD6 de 44 mm

Os famosos carros de fábrica SMO

O SMO 745, um dos carros da equipe de rali da fábrica em 1959-60, ainda se sai bem nos ralis, vários anos depois.

Com a cilindrada aumentada, o novo 3000 podia participar dos ralis internacionais na classe 3-litros, e o departamento de competição tinha grandes planos para o carro, que passou a ser equipado com freios a disco. Três carros 3000 MkI foram preparados e emplacados em série como SMO 744, 745 e 746. Todos eram modelos BN7 de dois lugares, vermelhos com teto rígido branco de fábrica. Os canos de escapamento saíam da lateral por baixo da porta do passageiro, o que evitava que ficassem em posição baixa demais, como seria o caso se saíssem pela traseira. Assim, estava estabelecido o padrão dos carros de rali Austin-Healey, que foram muito bem-sucedidos no começo dos anos 1960. Esses carros estrearam no Rali dos Alpes de 1959 com um ótimo desempenho. Entretanto, embora apenas um deles tivesse chegado ao final, o de John Gott, que se classificou em quinto na categoria GT, estava claro que com um pouco mais de sorte e algum aprimoramento o 3000 se tornaria um excelente carro de rali. Em setembro, no Rali Liège-Roma-Liège, Peter Riley se classificou em sétimo lugar na categoria GT; porém, mais uma vez, os demais carros não terminaram a prova. Nesse ínterim, um 3000 de corrida preparado em Warwick e pilotado por Jack Sears conquistou o primeiro lugar em sua classe na prova Oulton Park Gold Cup, demonstrando a versatilidade do Austin-Healey.

No segundo semestre daquele ano, a dupla Pat Moss e Ann Wisdom terminou em segundo lugar geral no Rali da Alemanha, e em novembro os irmãos Morley conquistaram o primeiro lugar em sua classe no Rali do RAC, com Jack Sears em segundo. Em pouco menos de seis meses, o 3000 e, em especial, os SMO se consolidaram como grandes carros de rali.

T7)

TRANSMISSÃO

Caixa de câmbio
Quatro marchas à frente, com sincronização a partir de 2ª *Overdrive* Laycock de Normanville em 3ª e 4ª opcional

Relações

1ª	2,93:1
2ª	2,05:1
3ª	1,31:1
3ª *Overdrive*	1,07:1
4ª	1,00:1
4ª *Overdrive*	0,82:1
Ré	3,78:1

Embreagem
Prato seco único de 254 mm Borg and Beck

Cardã
Hardy Spicer com rolamentos de agulha

Eixo traseiro
Par cônico hipoide

Relações dos eixos
3,545:1 normal
3,91:1 carros com *overdrive*

FREIOS

Dianteiros
A disco Girling de 285 mm

Traseiros
A tambor Girling, 279 mm × 57 mm

Operação
Hidráulica Girling

Estacionamento
Alavanca central ligada por cabo/haste aos tambores traseiros

SUSPENSÃO

Dianteira
Independente, braços triangulares superpostos, molas helicoidais, amortecedores hidráulicos de dupla ação e barra estabilizadora

Traseira
Eixo rígido, feixes de molas semielípticas de sete lâminas, amortecedores hidráulicos de dupla ação e barra Panhard

DIREÇÃO

Tipo de sistema
Setor e sem-fim Cam Gears. Relação 15:1

Diâmetro de giro
10,8 m

Volante
De raios de varetas com diâmetro de 431 mm

RODAS E PNEUS

Rodas
4J × 15 de aço estampado com fixação por cinco prisioneiros/porcas e calotas de aço cromadas Como opção, de 48 raios e fixação central com porca borboleta e pintura prateada ou cromadas

Pneus
5.90-15 Dunlop RS4 (depois RS5) diagonais com câmara

DIMENSÕES

Comprimento
4 m

Largura
1,54 m

Altura (com a capota erguida)
1,24 m

Distância entre eixos
2,34 m

Bitolas
Dianteira: 1,24 m
Traseira: 1,27 m

Distância mínima do solo
140 mm

Peso
1.143 kg

DESEMPENHO

Teste de rua da revista *Motor*, julho de 1960

Velocidade máxima 180 km/h
0-80 km/h 8,5 s
0-96,5 km/h 11,7 s
0-112 km/h 15,5 s
0-128 km/h 19,9 s
0-144 km/h 27,2 s
0-160 km/h 39,3 s
0402 m 17,7 s

Consumo médio de combustível
7,4 km/l

As colunas do para-brisa pintadas na cor da carroceria davam um toque de distinção ao Austin-Healey e foram mantidas até o lançamento do modelo conversível, que tinha a moldura do para-brisa cromada.

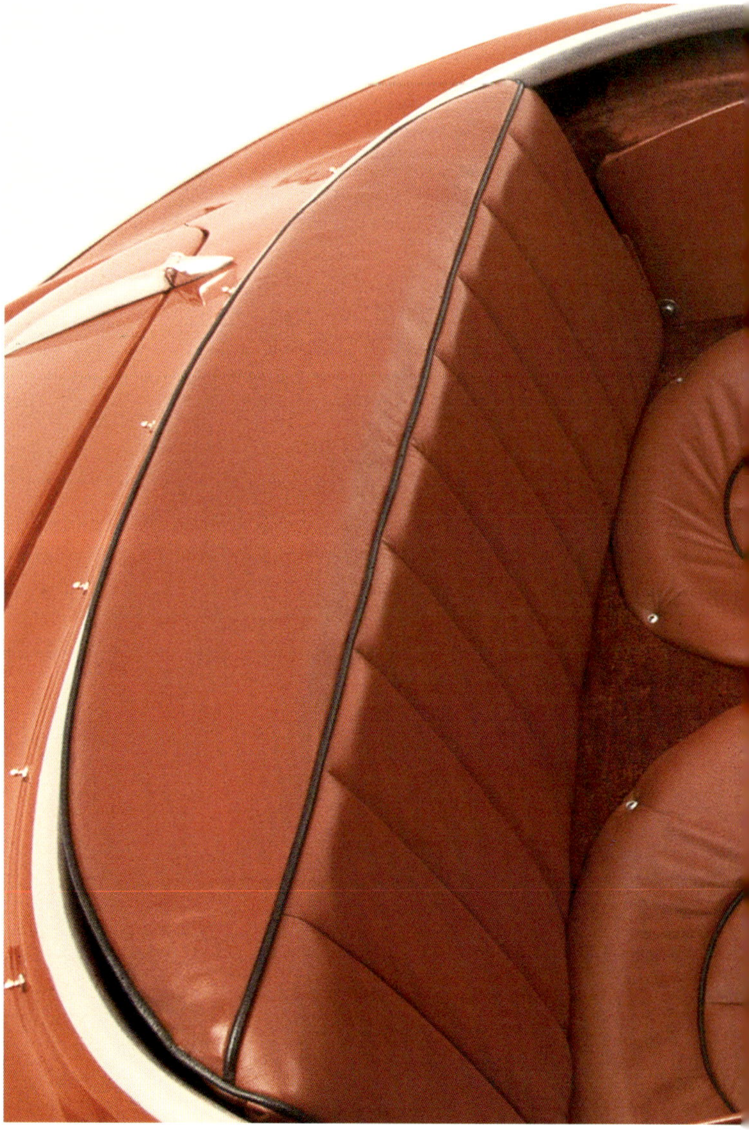

A capota foi aprimorada e refinada. As janelas laterais corrediças deixavam o carro mais arejado e tinham uma vedação melhor que a dos Austin-Healeys anteriores.

A pintura na cor da parte superior estendendo-se até o final da nova linha de estampagem no arco da roda dianteira tornava os carros de duas cores ainda mais elegantes.

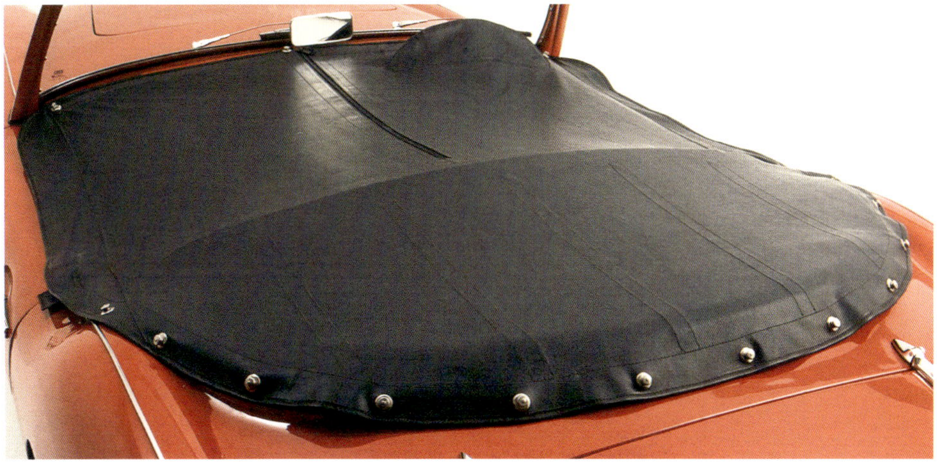

A elegante capa integral do habitáculo do modelo de quatro lugares tinha um arco transversal de reforço que impedia seu afundamento. As capas de vários carros de dois e quatro lugares contavam também com tensores longitudinais na parte traseira.

Espaço de sobra para quatro pessoas! Bem, quase isso. Esta foto grande-angular destaca o espaço interno da cabine do modelo de quatro lugares, embora os bancos dianteiros tivessem de ser ajustados em uma posição bem à frente para que os passageiros de trás pudessem dispor de algum espaço para as pernas. O volante deste carro não é original.

1960
Mostrando a raça

O ano de 1960 foi realmente bom para a divisão de carros esporte da BMC. O Austin-Healey havia vencido o duro Rali Liège-Roma-Liège, suas vendas ultrapassaram a quantidade inédita de 7.000 unidades e as do Austin Sprite, um modelo menor, iam de vento em popa. O MGA, que também era fabricado em Abingdon, estava chegando à casa das 100.000 unidades produzidas, e até o Mini básico de 850 cm³ vinha surpreendendo com seu desempenho nas corridas. A fábrica de Abingdon estava operando no limite de sua capacidade, mas essa situação logo viria a mudar com a recessão econômica que estava a caminho.

O Austin-Healey 3000 comparado aos rivais

Estes eram os modelos disponíveis em 1960 no segmento de carros esporte mais sofisticados. As três listas estão ordenadas por preços no Reino Unido (com impostos), velocidade máxima e aceleração de 0-96,5 km/h.

O Austin-Healey 3000 oferecia a melhor combinação de velocidade, conforto, estabilidade e durabilidade, mas apresentava as desvantagens de uma pequena distância em relação ao solo e um consumo de combustível um pouco alto. O TR tinha um custo de manutenção menor, mas era um tanto despojado; o Alpine era lento demais, e o MGA, apesar de mais caro, não era muito confiável. O Daimler tinha um desempenho excelente, mas um visual muito estranho e uma instável carroceria de plástico reforçado com fibra de vidro. Os outros três estavam em um patamar de preço superior ao do Austin-Healey, e o Jaguar era o melhor deles para quem pudesse arcar com seu custo de manutenção.

Valor em libras

1.055 Sunbeam Alpine MkII
Dócil, mas lento; considerado "carro de mulher"

1.085 Triumph TR3A
Robusto, confiável e rápido; bom preço, mas de estabilidade duvidosa

1.241 Austin-Healey 3000 MkI
Resistente, confiável e rápido; um carro esporte dócil

1.283 MG MGA Twin Cam
Rápido, mas frágil; um pouco caro

1.395 Daimler SP250
Excelente motor, muito rápido; mas é feio, e seu painel treme

2.094 A.C. Ace Bristol
Carro esporte exclusivo de homem; tem qualidade, mas é caro

2.110 Jaguar XK150S fhc
Muito rápido, confortável; vale o preço, para quem pode pagar

2.850 Mercedes-Benz 190SL
Qualidade superior, mas muito caro; um pouco lento

Velocidade máxima

Jaguar XK150S fhc 212 km/h

Daimler SP250 201 km/h

A.C. Ace Bristol 191 km/h

Austin-Healey 3000 MkI 185 km/h

MG MGA Twin Cam 182 km/h

Triumph TR3A 177 km/h

Mercedes-Benz 190SL 169 km/h

Sunbeam Alpine MkII 159 km/h

Aceleração 0-96,5 km/h

Jaguar XK150S fhc 7,8 s

Daimler SP250 8,9 s

A.C. Ace Bristol 9,0 s

MG MGA Twin Cam 9,1 s

Austin-Healey 3000 MkI 10,9 s

Triumph TR3A 11,4 s

Mercedes-Benz 190SL 12,0 s

Sunbeam Alpine MkII 13,6 s

A reação da imprensa ao 3000

John Bolster, da *Autosport*, foi um dos primeiros a testar o Healey 3000, um modelo BT7 de teto rígido, emplacado como YOJ 502. Ele ficou bastante impressionado: "Uma máquina e tanto, que chega a 180 km/h", foi sua manchete. Bom de volante, ele conseguiu um tempo de 10,8 s no 0-96,5 km/h, com uma aceleração de 0 a 402 m em 17,6 s. Apesar do acréscimo de 300 cm³ em sua cilindrada e do aperfeiçoamento ao longo de oito anos, o novo modelo havia sido apenas 0,4 segundo mais rápido que o protótipo do Healey 100 testado por ele em 1952! "Um carro maravilhoso e dócil", prosseguiu, "mesmo quando andando quase o tempo todo em última marcha, ele ultrapassa todos os demais". Ele considerou a aceleração "realmente violenta", e disse que o carro tinha "todo o torque do mundo mesmo em rotações muito baixas". Descreveu o visual, destacando o teto rígido combinando com a carroceria como "muito agradável" e classificou o Healey 3000 como "um carro de cidade muito prático". Sim, ele usou a expressão "gastador de gasolina" quando conduzido em alta velocidade, mas era possível obter a marca de 7,1 km por litro a uma velocidade de cruzeiro razoável. Bolster gostou mesmo do carro, mas achou pequeno o espaço entre os pedais e a posição do volante muito próxima ao motorista; além disso, considerou a atuação da alavanca de câmbio um tanto complicada, e disse ser preciso exercer muita força sobre o pedal para acionar o novo freio a disco.

A revista *Autocar* obteve resultados parecidos com os de Bolster utilizando o mesmo carro. Novamente, as palavras "dócil" e "torque" foram citadas: "um carro para andar só em última marcha, caso se deseje". O teto rígido foi considerado útil, mas "um tanto caro". A revista também elogiou a beleza do carro, mas não o poupou das críticas de sempre: pouco espaço entre os pedais, pouca distância em relação ao solo, falta de ajuste da altura do banco do motorista e a necessidade de exercer muita força sobre o pedal para frear o carro. Os jornalistas também perceberam que era preciso elevar a pressão dos pneus acima da recomendada pelo fabricante para melhorar a dirigibilidade e a estabilidade. Fora isso, a impressão geral foi boa: "um carro esporte-turismo rápido e muito bom – seu visual original se mantém atual, e ele se tornará ainda mais competitivo com o melhor desempenho".

O pessoal da revista americana *Road & Track* teve de cruzar o país para levar seu carro de teste até a redação na Califórnia, pois ainda não havia nenhum 3000 na Costa Oeste até então. A proeza foi realizada por dois motoristas, num trajeto de 57 horas, virtualmente ininterrupto – de fato uma façanha naquela época em que não existiam as rodovias interestaduais. Desnecessário dizer que a equipe da redação ainda adorava o Healey; "um carro esporte para entusiastas". "Pelo preço, este ainda é um dos melhores carros esporte do mercado," dizia a reportagem. A posição do banco do motorista, como não poderia deixar de ser, foi criticada, assim como o sistema de ventilação ou a sua ausência. Por estranho que pareça, os jornalistas manifestaram o desejo de que a fábrica retomasse "o estilo mais despojado dos antigos modelos de quatro cilindros".

Outra revista americana, a *Sports Car Illustrated*, reproduziu as palavras de um executivo de uma importadora de carros europeus: "Eu não sei como aquele sujeito consegue – toda vez que faz alguma modificação, ele acerta, e esta é a melhor que ele já fez". Ele estava, claro, se referindo a Donald Healey e ao novo 3000.

Uma moça em um passeio com seu 3000 MkI. Sabe-se lá o que de fato aconteceu naquele riacho, mas a cena ilustra com perfeição a época de 1960, embora a foto seja dos anos 1990. As rodas raiadas cromadas são mais recentes.

O clássico painel do Healey, embora com um volante não original de série. O botão central da buzina com a figura de um "relâmpago" é adequado para um carro sem coluna de direção regulável. A marcação do medidor de combustível costumava oscilar muito em todos os "Big Healeys" até o modelo MkIII. O prático porta-objetos é visível à esquerda.

Costumava-se dizer que os assentos dos bancos traseiros haviam sido inspirados nos bancos dos tratores da década de 1950, que, de fato, eram bem parecidos com eles. A instalação dos cintos de segurança deste carro foi muito bem feita.

Como se vê nesta foto da lateral, o para-choque e a saia dianteiros acrescentavam cerca de 20 cm ao comprimento do carro, sem falar no peso extra. Não é de admirar, portanto, que tantos "Big Healeys" tenham perdido os para-choques dianteiros (e traseiros).

O velho problema do modelo de quatro lugares era a falta de espaço no porta-malas. O cabo à esquerda limitava a abertura da tampa, impedindo que as dobradiças fossem danificadas. A chave geral da bateria está no canto direito. Ela permitia que o motorista a desconectasse e fechasse a tampa em seguida, proporcionando uma proteção antifurto suficiente para aquela época.

As janelas laterais eram resistentes, leves e rígidas. Além disso, sua vedação era razoável, mas dois anos depois elas foram substituídas por janelas de vidro descendentes.

Pode-se ver aqui os lavadores de para-brisa no painel externo. O equipamento era de série do Austin-Healey muitos anos antes de se tornar obrigatório.

Em 1960, o sistema de uma só lente traseira de cada lado combinando as funções de lanterna, indicador de direção e luz de freio estava ultrapassado. Mesmo assim, continuou sendo utilizado nos Healeys destinados à maioria dos mercados até março de 1965.

47 OINK

"Um Healey muito rápido"

A linha de montagem do 3000 em Abingdon, com métodos um tanto antiquados, como o transporte dos veículos sobre carrinhos. O carro da frente tinha os ainda raros freios a disco.

Este era o título de uma reportagem da *Motor* de abril de 1960, quando a revista testou o melhor Healey até então existente, a conversão Ruddspeed do 3000, feita por Ken Rudd. Por pouco menos de 200 libras, Rudd preparava um 3000 para desenvolver 178 cv, modificava a suspensão para suportar o aumento de potência e instalava um servo-freio. O ganho de potência era obtido com três carburadores, comando de válvulas modificado, taxa de compressão de 9,7:1 e um sistema de coletor de escapamento tubular de maior diâmetro. O ruído do motor era alto, assim como a aceleração: 0-96,5 km/h em 8,8 s e 0-160 km/h em 24 s – o mesmo desempenho do Jaguar XK. A velocidade máxima passava de 200 km/h, embora houvesse vários relatos de que o carro era um tanto instável àquela velocidade. O aspecto negativo era o alto consumo de combustível, de quase 5,3 km por litro. O Healey Ruddspeed exigia gasolina de 100 octanas, e dizia-se que "seu temperamento era delicado", uma insinuação de que teria dificuldades no trânsito das cidades.

A conversão feita por Ken Rudd era insuperável, pois nem sequer o departamento de competição de Abingdon havia conseguido obter tamanha potência, embora estivesse trabalhando para isso.

Vitória nos ralis

Este foi o ano em que as coisas finalmente começaram a dar certo para a equipe de ralis Austin-Healey do departamento de competição da BMC. Os carros SMO permaneceram na equipe, acompanhados, em várias ocasiões, de outros três: SJB 471, UJB 143 e URX 727. Este último era, em geral, destinado a Pat Moss e Ann Wisdom, a mais bem-sucedida dupla feminina de pilotos de rali de todos os tempos. Pat e Ann, que já haviam ganhado a Coupe des Dames inúmeras vezes, foram em busca de outras vitórias. Começaram com um primeiro lugar em sua classe no Rali de Genebra,

Os irmãos Morley no Rali dos Alpes de 1960, passando com o SJB 471 por uma das estradas precárias típicas das regiões montanhosas há 40 anos. Eles terminaram a prova em 14º lugar na geral e terceiro em sua classe. O número do chassi do SJB 471 era HBT7-101, indicando que ele foi o primeiro Austin-Healey 3000 de série.

Dois Healeys 3000 de rali cruzam a ponte de Clamecy, na região central da França, durante o Rali das Tulipas. Pouco depois, o segundo carro, URX 727, venceu o rali Liège-Roma-Liège.

conquistando em seguida o oitavo lugar na classificação geral no Rali das Tulipas. No Rali dos Alpes, ganharam a Coupe des Alpes e a Coupe des Dames, classificando-se em segundo lugar na geral; além disso, nessa mesma prova, os Austin-Healeys foram os três primeiros colocados em sua classe. Na sequência de uma sucessão de vitórias, Pat e Ann, novamente com o URX 727 (agora com três carburadores), venceram o Rali Liège-Roma-Liège de 1960 – o mais difícil do ano. Foi a primeira vez que uma dupla feminina venceu um rali de campeonato mundial, um desempenho que talvez não tenha sido superado até hoje. Não seria exagero dizer que foi um grande feito, pois foram percorridos 4.989 km pelas mais difíceis estradas da Europa, cruzando montanhas, num trajeto quase que ininterrupto durante quatro dias e noites, sem parada para descanso!

A equipe da fábrica conquistou uma série de prêmios e vitórias em sua classe naquela temporada, cujo auge foi sua classificação em sete dos dez primeiros lugares de sua classe no Rali do RAC, em novembro de 1960. Não obstante, os resultados alcançados por Pat Moss e Ann Wisdom ao se classificarem em primeiro lugar no Rali de Liège e em segundo no dos Alpes foram os mais importantes da carreira dos Austin-Healeys como carros de competição.

Na corrida 12 Horas de Sebring, em março de 1960, os Austin-Healeys 3000 preparados em Warwick conquistaram o segundo e o terceiro lugar em sua classe. Por outro lado, Jack Sears, que havia sido o único da equipe inscrito em Le Mans, com o carro UJB 143, não conseguiu terminar a prova.

Esta ilustração, feita por Gordon Horner, da Autocar, *representa Pat Moss e Ann Wisdom enfrentando o trânsito da cidade com o URX 727, a caminho da vitória no Rali Liège-Roma-Liège de 1960.*

Esta pintura, de Michael Turner, representa a vitória de Pat Moss e Ann Wisdom no Rali Liège-Roma-Liège, em 1960. É curioso, mas o anúncio não cita o nome da dupla. Observe o extorsivo imposto sobre consumo, superior a 40%, acrescido ao preço do carro.

Este anúncio de 1960 traz ambas as versões do 3000, de dois e quatro lugares – o realce do amarelo está um tanto exagerado.

Produção e vendas: 3000 MkI

Felizmente, os registros da fábrica de Abingdon foram preservados, permitindo estabelecer com razoável precisão para quais mercados os carros foram destinados. Durante os dois anos em que o 3000 MkI esteve em produção, foram fabricadas 13.650 unidades, a maioria delas de quatro lugares. Deste total, 80% foram exportadas para os Estados Unidos, e 6% destinadas ao mercado interno.

Modelo	**Volante na direita**			**Volante na esquerda**			**Total produzido**
	R. Unido	Exportação	Total	EUA*	Outros	Total	
BN7	157	76	233	2.284	308	2.592	2.825
BT7 quatro-lugares	672	175	847	8.732	1.246	9.978	10.825
Totais	829	251	1.080	11.016	1.554	12.570	13.650

* *Inclui toda a América do Norte*

AUSTIN-HEALEY
3000 MkII

1961–1963

1961 Maior potência e uma nova grade

Em 1961, a economia mundial havia entrado em forte declínio. A antiga expressão "aperto de crédito" voltou a ocupar as manchetes, com a consequente escassez de financiamento afetando o mercado de automóveis. As vendas do Austin-Healey despencaram do recorde de 7.000 unidades registrado no ano anterior para a metade – com mais precisão 3.561 carros. O lançamento do 3000 MkII com três carburadores e uma nova grade, em maio de 1961, pouco ajudou as vendas, apesar de um aumento da potência nominal para 132 cv. As alterações no MkII foram apenas superficiais; as modificações na carroceria, tão necessárias, só seriam feitas no ano seguinte.

A novidade dos três carburadores

Os americanos apreciaram as novidades anunciadas naquele começo dos anos 1960. Os carros fabricados nos Estados Unidos eram atualizados todos os anos, e a BMC decidiu adotar essa prática como estratégia comercial para o Healey no mercado americano. Desde então, não houve um ano sequer no período 1960-64 sem que o carro sofresse alguma mudança. Em 1961, o modelo passou a ter três carburadores SU, o que impressionava bastante e o elevava à categoria do novo Jaguar E-Type. Do ponto de vista técnico, uma modificação tão complexa como aquela não se justificava. O ganho de potência era mínimo (entre 6 e 8 cv), e o custo da manutenção, mais complicada, era desproporcional ao benefício. O fato de o 3000 MkIII, lançado em 1964, ter uma potência de 150 cv com apenas dois carburadores era a prova disso, e pouco depois de um ano o 3000 voltou a ter dois carburadores. Analisando a questão em retrospecto, a utilização de três carburadores durante um ano teria mais a ver com o marketing e a homologação dos carros de rali. Com os carros de série equipados com três carburadores SU, era possível usar três Weber duplos nos de rali, uma ótima maneira de obter uma vantagem sobre os rivais.

Um dos anúncios de lançamento do 3000 MkII. A potência de 130 cv do novo motor com três carburadores é comparada à da versão anterior, de 124 cv. Talvez os publicitários da Austin tivessem se esquecido de que já haviam anunciado esse fato no lançamento do 3000 MkI, em 1959! O preço básico, de 824 libras, permaneceu inalterado, o que era um bom argumento de vendas.

O interior de um MkII de quatro lugares e volante na esquerda. Observe a disposição diferente da alavanca de câmbio deste carro, ainda deslocada do centro.

O motor de um 3000 MkII com três carburadores, muito bem restaurado. As tampas das câmaras dos carburadores, que eram de bronze, passaram a ser de plástico preto.

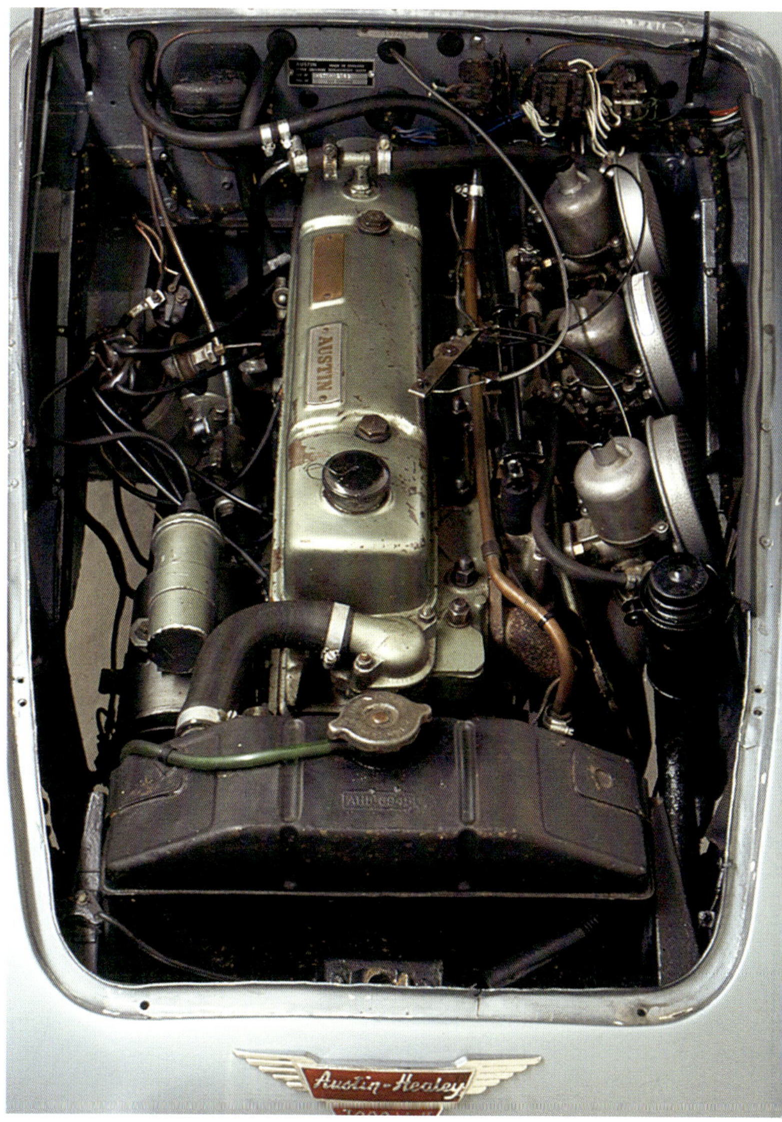

A grade de barras verticais

Além do arranjo de três carburadores, o modelo teve a grade do radiador modificada, com barras verticais cromadas em vez das horizontais tradicionais dos Austin. Tempos atrás, costumava-se dizer na indústria automobilística que as grades dos radiadores dos carros mais requintados tinham barras verticais, enquanto as dos modelos mais baratos eram formadas por barras horizontais – o que de fato se observava entre a década de 1930 e o começo dos anos 1960. O Austin-Healey modelo MkII foi lançado em maio de 1961 com motor de 130 cv, nova grade e emblemas, e poucas outras alterações. A carroceria e o interior não foram modificados. Apesar de um novo comando de válvulas, que melhorou a aspiração dos carburadores, e da caixa de câmbio reforçada, a denominação MkII deveria ter sido reservada ao inovador 3000 Conversível Esporte, que seria lançado no ano seguinte.

Os dois tipos de carroceria ainda estavam disponíveis, mas a preferência pelo 3000 BT7 de quatro lugares era cada vez maior. As vendas do BN7 se reduziram de tal forma que somente 355 MkII de dois lugares foram fabricados entre maio e dezembro de 1961, dos quais apenas 39 tinham volante na direita. A produção do BT7 MkII de quatro lugares foi mantida até junho de 1962, mas a do BN7 foi encerrada antes, em março. Com o fim do modelo MkII todos os "Big Healeys" passaram a ser equipados com janelas de vidro descendentes.

Chega, enfim, a alavanca de câmbio central

Depois de nove anos sendo produzido com a alavanca de câmbio deslocada do centro do túnel da transmissão, em novembro de 1961, o Healey passou a contar com uma alavanca central, quando a BMC lançou uma caixa de câmbio Série C redesenhada para sua linha de carros grandes. A caixa tinha uma alavanca central grossa e curta, bem mais adequada a um carro esporte, e foi adotada aos poucos para o Healey durante a produção do MkII. As relações das marchas também eram um pouco diferentes das utilizadas na caixa antiga.

O mais raro Austin-Healey de série?

Com apenas 39 unidades fabricadas, o 3000 MkII BN7 de dois lugares e volante na direita é o mais raro dos "Big Healeys" de série, superando até mesmo o 100S, cuja produção total foi de cinquenta unidades. Caso se leve em conta a modificação da alavanca de câmbio, que passou a ser central em novembro de 1961, o Healey mais raro de todos seria então o 3000 Mark II de dois lugares com volante na direita e alavanca de câmbio no centro? Esse carro só pode ter sido produzido entre novembro de 1961 e março de 1962, e, considerando que apenas 39 MkII BN7 com volante na direita foram fabricados em quase um ano, não acredito que o total de carros com alavanca central tenha chegado a uma dúzia; além disso, cinco destes eram os carros ARX da equipe de rali da fábrica em 1962. Mesmo somando a esse total os modelos com volante na esquerda, não acredito que tenham sido fabricadas muito mais do que cem unidades do 3000 Mark II de dois lugares com a antiga janela lateral e alavanca de câmbio central.

O teste de um carro muito especial

Em janeiro de 1961, a revista *Motor* teve a rara oportunidade de testar o SMO 746, um dos carros de rali da fábrica em 1959-60, que havia sido vendido a John Gott no final da temporada de 1960. Gott, ex-chefe de polícia de Northamptonshire, era um dos pilotos de Abingdon, e a reportagem da *Motor* se intitulava "O carrão do policial". O SMO 746 tinha três carburadores SU de 50 mm, freios a disco nas quatro rodas e várias outras modificações exclusivas feitas pela fábrica com tecnologia de ponta. O motor produzia 180 cv no volante do motor e cerca de 145 cv nas rodas traseiras. O carro tinha ainda suspensão reforçada, com os famosos feixes de 14 lâminas traseiras, conhecidos por chegarem a quebrar o chassi! Os jornalistas comentaram que, ao dirigir o carro, perceberam que o Healey de turismo de série havia sido transformado em um carro esporte de corrida, bem mais duro. O cano de escapamento produzia um "som borbulhante" em marcha lenta e um "ronco muito alto e potente quando se pisava no acelerador". Ainda assim, o carro apresentava uma boa elasticidade no trânsito de Londres, acelerando bem em quarta a pouco menos de 20 km/h, se necessário.

Em condições climáticas bastante ruins, com o carro lotado, os jornalistas chegaram a 200 km/h, indo de 0-160 km/h em 23,9 s, com um consumo de combustível em torno de 6,7 km por litro – quase o mesmo dos carros de série. Eles sabiam que seria possível obter resultados bem melhores com pista seca e uma relação de diferencial modificada. O carro era, sem dúvida, duro e desconfortável, e

Uma ótima foto contemporânea de um Healey 3000 da fábrica (XJB 870) no Rali do RAC de 1961. O carro está passando à noite por Brockhouse, nas proximidades de Lancaster. O piloto é David Seigle-Morris, auxiliado pelo copiloto Tony Ambrose. Observe os dois canos de escapamento com saída lateral, a abertura no teto (aproveitada de uma minivan), os para-choques de quarto de traseira e o ressalto na tampa do porta--malas para acomodar o segundo estepe – detalhes característicos dos carros de fábrica preparados em Abingdon.

"o piloto e copiloto têm de aguentar firme", comentaram. Eles concluíram o relato sobre aquele teste inédito dizendo que o Healey que pertencera à fábrica formava uma "inesquecível e rara combinação de alto desempenho, tamanho compacto e agilidade".

Especificações de rali de fábrica

Todos os 3000 de Abingdon que participavam de ralis tinham a mesma pintura: carroceria vermelha e teto rígido branco, que era sempre utilizado. Em 1961-62, as especificações dos carros já estavam definidas: escapamento com saída pela lateral, feixes traseiros de catorze lâminas, amortecedores mais eficientes, grades dianteiras de tela no lugar das cromadas, para-choques eliminados, exceto os de quarto de traseira, maior distância do solo, motor com três carburadores (Weber duplos a partir de 1962), coletores de escapamento de seis ramos, comando de válvulas modificado, saídas de ar quente triangulares nos para-lamas dianteiros, dois estepes (com a tampa do porta-malas modificada), tanques de combustível de 90 litros, marchas mais curtas e, no mínimo, três faróis auxiliares. Havia também saídas de ar no teto, como as de minivans, pois o acúmulo de calor era um problema recorrente. O carro não tinha aquecedor, mas havia uma proteção de amianto para isolar os ocupantes do calor do motor e do cano de escapamento tanto era o calor que passava para o interior. Os freios eram Girling a disco nas quatro rodas com servofreio. A relação do diferencial era selecionada conforme o tipo de prova, mas esta costumava ser mais curto que a dos carros de série. Entre o final de 1961 e o começo de 1962, o Healey 3000 de rali estava desenvolvido e havia vencido várias provas internacionais. No início, com Pat Moss e Ann Wisdom, em 1960; depois, em 1961, os irmãos Morley (com o XJB 876) venceram o Rali dos Alpes, o maior objetivo do departamento de competição da BMC. Entretanto, a equipe continuava buscando a vitória em outro grande prêmio, o Rali do RAC, e quase a conseguiu em 1961, quando Pat Moss terminou a prova em segundo lugar com o XJB 877.

Ao mesmo tempo em que se transformava no principal carro de rali do mundo, o 3000 estava presente nos circuitos, como se vê nestas duas fotos. M. Johnson está ao volante do 678 AYP em Silverstone, em agosto de 1961. Há um pequeno para-brisa aero no lugar do original e aberturas laterais nos para-lamas dianteiros para dissipar o calor do compartimento do motor. O DD 300 é um famoso Healey de corrida e aparece aqui pilotado por David Dixon em Le Mans, em junho de 1961. O carro havia sido emplacado originalmente como UJB 143 e correu pela fábrica em Le Mans em 1960 e também em Sebring. Depois, foi adquirido por John Chatham, que participou de corridas com ele durante anos, com muitas vitórias.

A combinação de cores azul Healey e branco Ivory era uma das favoritas dos proprietários de "Big Healeys".

A grade da entrada de ar do capô também tinha barras verticais para combinar com a do radiador. Além disso, abaixo do emblema Austin-Healey, foi acrescentado outro, com o nome do modelo.

Este carro não tem os emblemas traseiros, e a tampa do porta-malas está desalinhada. Mesmo assim, visto de trás, este Healey é muito bonito.

1962
Um 3000 mais refinado

Em 1962, muita coisa havia mudado, e o mercado já não se contentava mais com as soluções de dez anos atrás. As velhas janelas laterais de plástico estavam ultrapassadas, e o público não aceitava mais que as capotas apresentassem vazamentos; pelo menos não em carros de 1.000 libras. O Daimler SP250, Jaguar E-Type e Sunbeam Alpine sempre tiveram janelas de vidro, que foram adotadas no Triumph TR4 em 1961 e no MGB em 1962. Nessa época, a BMC, a Jensen e a Healey, que vinham preparando uma grande mudança, lançaram um modelo conversível com janelas de vidro descendentes e uma capota que podia ser erguida de forma fácil e rápida por uma só pessoa. Aquela foi a primeira e única grande mudança feita na carroceria nos quinze anos em que o carro permaneceu em produção e resultou em um imediato aumento das vendas. Com baixa demanda, a antiga versão de dois lugares do 3000 deixou de ser fabricada.

A facilidade de uso do mecanismo de retração da capota do novo 3000 Conversível Esporte é demonstrada em agosto de 1962. Este foi, sem dúvida, um grande aperfeiçoamento em relação às capotas dos modelos anteriores, de operação muito complicada. A nova, entretanto, apresentava dois inconvenientes quando recolhida: reduzia o espaço dos bancos traseiros e ficava em desnível em relação à parte de trás da carroceria.

O Conversível Esporte

O nome oficial do carro, anunciado em agosto de 1962, era Austin-Healey 3000 Conversível Esporte (modelo BJ7), embora ainda ostentasse o emblema do MkII, sem a palavra "conversível". Depois, o modelo passou a ser conhecido entre os entusiastas como "MkIIA", uma designação informal. Os primeiros carros com a nova carroceria foram fabricados em janeiro de 1962, talvez como modelos pré-lançamento, pois Abingdon continuou produzindo as versões BN7 e BT7 MkII com as antigas janelas laterais por mais alguns meses, ao mesmo tempo que os primeiros lotes do novo modelo BJ7. Os últimos BN7 MkII saíram da linha de montagem em março, e a produção do BT7 de quatro lugares foi encerrada em junho. A carroceria de dois lugares deixou de ser produzida, permanecendo no mercado somente a versão de quatro lugares do Healey.

Janelas descendentes e nova capota

Quando abaixada, a capota do novo Conversível Esporte ficava em uma posição mais elevada em relação ao painel traseiro, ao contrário da antiga, que se recolhia para o interior de um compartimento. Havia uma capa protetora para a nova capota, que tinha uma janela traseira destacável, o que permitia uma melhor ventilação e facilitava sua substituição quando danificada. Uma nova capa integral do habitáculo cobria a capota recolhida, que era à prova de água e vento; e as janelas laterais de vidro tinham uma boa vedação. Era possível se sentar no interior do carro e levantar a capota em poucos segundos — não era mais necessário montar um "conjunto de componentes", uma complicada tarefa que exigia duas pessoas e levava cinco minutos. O que fez falta foi o conveniente porta-objetos que havia nas portas do modelo antigo, substituído por uma pequena bolsa para mapas.

Visto de três quartos de traseira, o 3000 Conversível Esporte era muito diferente dos modelos anteriores, dando a impressão de ser mais um conversível de luxo do que um carro esporte precursor dos dois-lugares. Seu preço, como não podia deixar de ser, era maior; o modelo básico custava 865 libras sem os impostos, um aumento de 35 libras. Apesar da nova capota, ainda havia demanda pelo teto rígido, que estava disponível numa versão pouco modificada (também usada nos carros de rali da fábrica mais recentes).

O painel e o interior do novo carro permaneceram inalterados, à exceção do acabamento das portas. O para-brisa ganhou um formato moderno, mais curvo, bem diferente do antigo, que era quase plano, além de quebra-ventos articulados e uma boa vedação. Todos os carros passaram a ter alavanca de câmbio central e a nova caixa de câmbio lançada no final de 1961. Um servo-freio era oferecido como opcional cobrado à parte e costumava ser solicitado na maioria dos casos, ou instalado depois, de forma que a maior parte dos Healeys 3000 MkII ainda existentes conta com esse equipamento. A capa do habitáculo, antes de série, tornou-se opcional, cobrada à parte. Talvez a fábrica imaginasse que com a nova capota, tão fácil e rápida de erguer, os proprietários não mais considerassem o acessório necessário.

O novo Austin-Healey Conversível Esporte no Salão do Automóvel. O carro em exposição tinha até pneus de faixa branca.

Este anúncio, do final de 1962, além de mostrar as novas janelas laterais e exaltar as vantagens da nova capota retrátil, faz alusão à vitória do 3000 no Rali dos Alpes daquele ano, mas não à de 1961, por estranho que pareça.

A volta dos dois carburadores

Um ano após a adoção dos três carburadores, em meados de 1962, foi lançado o 3000 Conversível Esporte, que voltou a utilizar dois carburadores SU de 44 mm, em uma versão mais moderna, HS6, numa configuração muito semelhante à dos carros de 1959-61. Embora a potência do carro fosse a mesma do modelo anterior, cerca de 130 cv, o torque máximo foi reduzido de 23 mkgf para 21,8 mkgf. Isso foi uma consequência da eliminação de um dos carburadores e também de mais uma alteração na árvore de comando de válvulas. Os departamentos de assistência técnica da BMC, por sua vez, viram a modificação com bons olhos, pois não teriam mais de lidar com a difícil instalação de três carburadores no novo modelo.

Poucas mudanças

Apesar de ter permanecido por pouco tempo em produção, cerca de dezoito meses, o BJ7 3000 Conversível Esporte (MkIIA) passou por uma série de modificações. Em outubro de 1962, a árvore de comando de válvulas foi redesenhada, numa tentativa de se recuperar o torque perdido, mantendo, porém, a potência no nível de 130 cv. Na mesma época, um motor com 2.860 cm³ de cilindrada foi lançado, apenas para os carros destinados ao mercado francês, talvez por questões tributárias.

O último Austin-Healey com janela lateral deslizante foi o modelo BT7 1961-62. Esta visão lateral permite notar a baixa distância em relação ao solo — cerca de 114 mm com as molas em boas condições e o sistema de escapamento fixado de forma correta. Caso contrário, poderia haver problemas. O autor já viu Healeys sendo "levantados" para cruzar rampas de balsas, por exemplo.

A reação da imprensa

Dez anos depois da entusiasmada reação ao lançamento do Healey 100, os padrões eram outros. O que em geral se aceitava em um carro esporte em 1952 não mais se admitia em 1962, como vinha se tornando óbvio pelas críticas cada vez mais ostensivas às deficiências do modelo nos testes pela imprensa. Antes críticos moderados, os jornalistas de testes dos anos 1960 eram mais francos. Havia um clima de irritação crescente durante os testes – uma tendência a perder a paciência com as deficiências do "Big Healey", e a dizer isso de forma mais enfática nos textos. No entanto, todas as revistas que haviam testado o carro puderam constatar seu ainda incontestável apelo, e a opinião geral era a de que o carro valia mesmo o que custava, e que, felizmente, a Grã-Bretanha ainda produzia um legítimo carro esporte. Afinal, nem todos queriam um pequeno, delicado e frágil Lotus Elan, por mais atual que fosse!

Um belo conjunto de instrumentos originais completo, com o volante correto.

Apesar de mais sofisticado, o modelo 1962 ainda não tinha fechaduras externas nas portas. Este recurso só surgiria no lançamento da versão "fase dois" do 3000 MkIII, em 1964.

Os comentários na imprensa

A revista *Motor* via com desalento que a BMC, com vastos recursos e após tantos anos desenvolvendo o Healey, ainda não houvesse eliminado duas conhecidas e graves deficiências: a pouca distância do solo e o calor excessivo na cabine. "Uma inconveniente quantidade de ar quente (e nada cheiroso) exalado pelo motor penetra na carroceria", foi outro comentário. Surpreendeu-se também ao constatar que o Healey vencedor do Rali dos Alpes tivera sua distância do solo aumentada sem que a modificação fosse estendida aos carros de série. Admitindo que tivessem "considerado necessário criticar de maneira mais incisiva alguns aspectos deste Austin-Healey", os jornalistas da *Motor* perceberam que muitos proprietários só trocavam seus carros por outro Austin-Healey, relevando seus defeitos em troca do conforto e alto desempenho por um preço razoável. Hoje, nós damos a isso o nome de "qualidades", e ninguém jamais disse que o Austin-Healey era sem graça ou desprovido de qualidades.

Os jornalistas gostaram da alavanca de câmbio em posição central, mas criticaram a antiquada primeira sem sincronização e a ineficiente sincronização das demais marchas. Alguns achavam que o Healey já deveria estar utilizando o sistema de direção de pinhão e cremalheira (que nunca teve), e o repórter da *Autosport* comentou o sério problema da trepidação do painel, que parecia ser ainda mais grave no modelo Conversível – devido, talvez, o peso bem maior do novo para-brisa. A maioria dos jornalistas aprovou as novas janelas laterais de vidro e a capota, mas a *Autocar* considerou seu mecanismo barulhento, e o das janelas muito duro de operar. Acrescentou ainda que era possível alguém se ferir na parte superior dos novos quebra--ventos ao sair do carro com a capota abaixada. Sem dúvida, o carro precisava de melhorias. Os jornalistas também reclamaram de uma forte corrente de ar que penetrava pela borda interna das janelas a velocidades acima de 60 km/h. O rodar um pouco mais duro também suscitou críticas, assim como "uma tendência

Paddy Hopkirk ao volante do 67 ARX em um dos treinos do Rali do RAC, em novembro de 1962, no qual ficou em segundo lugar na classificação geral.

O estranho cupê Healey 3000 produzido em 1962 por Pininfarina. O desenho, no entanto, não era de sua autoria, mas do vencedor de um concurso de estilo de carrocerias de automóveis. Algumas características deste carro apareceram depois no MGB GT, em 1965, mas, por sorte, esse desenho não foi adotado para o Healey 3000. O chassi deste carro foi o único fornecido a um fabricante de carrocerias independente.

John Gott pilota o SMO 746 em Silverstone, à frente de um Lotus VI e um Sprite modificado. Gott adquiriu este carro para uso pessoal quando o departamento de competição de Abingdon deixou de utilizá-lo.

das rodas traseiras a perder a aderência em superfícies irregulares ou escorregadias". Todos os carros de teste pareciam estar equipados com o servofreio opcional, e a opinião geral achava os freios excelentes; o ronco do motor também era maravilhoso, segundo o jornalista de testes da *Motor*. Entre as coisas "inadmissíveis em um carro de 1.200 libras" estavam a falta de hastes de travamento automático nas tampas do porta-malas e capô, portas de abertura difícil e um antiquado macaco de rosca que tornava a troca de pneus uma empreitada difícil.

Como de costume, tratando-se do "Big Healey", houve poucas restrições ao desempenho: a maioria dos jornalistas chegou quase a 190 km/h, e a *Autosport* se mostrou impressionada com os 17,8 segundos na arrancada de 0 a 128 km/h. No entanto, o consumo de combustível médio entre 6 e 6,7 km por litro parecia ter piorado, considerando que o consumo médio dos modelos antigos de seis cilindros costumava situar-se na faixa de 8 km por litro.

Outra vitória no Rali dos Alpes

Depois da conquista de Pat Moss e Ann Wisdom na prova Liège-Roma-Liège, em 1960, os gêmeos Morley venceram o Rali dos Alpes de 1961. Em 1962, houve a terceira vitória seguida quando os Morleys venceram de novo o Rali dos Alpes, ao volante do 57 ARX. Este era um dos cinco carros da equipe com números de chassi consecutivos, emplacados como 37, 47, 57, 67 e 77 ARX. Foram os primeiros carros com cabeçotes de liga leve e três carburadores Weber. Eram também os últimos dos raros MkII BN7 de dois lugares e deviam ser muito apreciados pelo departamento de competição, pois foram usados também durante a temporada de 1963. Talvez fossem considerados melhores nas pistas porque a carroceria de dois lugares e as janelas laterais plásticas os tornavam mais leves que os novos modelos de janelas descendentes, os únicos disponíveis no começo de 1963. Embora não tivesse conseguido mais nenhuma vitória, Pat Moss se classificou em terceiro lugar na geral em 1962 nos ralis dos Alpes e do RAC, no qual Paddy Hopkirk ficou em segundo lugar na classificação geral. O 3000 se saía melhor nos percursos acidentados dos ralis do que nas pistas: embora tivessem continuado a participar das corridas de Le Mans e Sebring em 1961 e 1962, os carros da fábrica não foram bem-sucedidos. Os bem mais caros e especializados carros especiais de corrida, de baixo volume de produção, pertenciam à mesma classe do 3000, o que reduzia suas chances de vitória. O ponto forte do Healey era a durabilidade, e o carro inscrito em Le Mans em 1962 chegou a ficar em oitavo lugar durante a prova, mas abandonou na 18ª hora. Em corridas de clubes, no entanto, os Austin-Healeys de seis cilindros não ficavam a dever em questões de desempenho aos quatro-cilindros da marca da década anterior.

1963
Um ano sem novidades

O ano de 1963 trouxe poucas novidades para os compradores do Austin-Healey. O novo 3000 Conversível Esporte teve uma boa aceitação, e as vendas do carro cujo estilo, em termos gerais, estava se tornando ultrapassado, iam mais ou menos bem, ainda embaladas pelo sucesso nos ralis. Pela primeira vez em anos não houve grandes mudanças nas especificações: nenhuma alteração na carroceria, nem nos carburadores, e as especificações do motor eram as mesmas desde o fim da produção do MkII, em novembro de 1963. Sua substituição pelo modelo MkIII ocorreu de fato no final de outubro de 1963, mas só foi anunciada no ano seguinte.

Em 1963, uma equipe com Healeys preparados e emplacados em Warwick foi enviada aos Estados Unidos para a corrida 12 Horas de Sebring, uma prova da qual os Healeys participavam havia uma década. Os carros receberam pintura na cor azul Healey e tinham as placas 54, 55, 56 e 57 FAC. Conseguiram um resultado razoável, o quarto e o sexto lugares em sua classe. Esses carros tinham carrocerias leves e cerca de 200 cv de potência. Este é o 57 FAC, numa foto mais recente, depois de restaurado.

Em 1963, o Rali Liège-Roma-Liège se transformou no Spa-Sofia-Liège. Aqui, o 67 ARX da fábrica, com Logan Morrison e Mike Wood, é reabastecido próximo à fronteira entre a Itália e a Iugoslávia. No entanto, eles não conseguiram terminar a prova.

Fazendo hora

As vendas do 3000 Conversível Esporte estavam firmes, mas nada além disso, tanto na Europa como nos Estados Unidos – ficou claro que, depois de várias reestilizações, o carro já estava um tanto ultrapassado em 1963. A demanda firme e contínua justificava que a BMC continuasse desenvolvendo-o, mas sem esperar um aumento das vendas, que o mercado parecia não mais comportar.

O carro dos irmãos Morley (37 ARX) vindo dos testes especiais em Nürburgring para o Rali das Tulipas de 1963. Eles terminaram a prova em primeiro lugar em sua classe e em segundo na categoria GT.

As atenções do departamento de competição de Abingdon se voltaram agora para os modelos mais modernos da BMC, em especial os novos Mini-Cooper S e o MGB. Os Healeys ainda corriam pela fábrica, e com sucesso, mas o auge foi em 1960-62. Pelo primeiro ano desde que a equipe se formou, em 1958, nenhum novo carro de rali foi acrescentado à frota em 1963, quando os carros ARX já haviam participado de duas temporadas inteiras.

Houve algumas ações promocionais para o Conversível 1963 no mercado interno: anúncios ainda eram veiculados periodicamente na imprensa automobilística, e ao menos dois carros de demonstração foram cedidos para testes pela imprensa. Pela leitura dos catálogos promocionais da época, tem-se a impressão de que o departamento de vendas estava, de certa forma, "fazendo hora", à espera daquele que muitos imaginavam vir a ser o "Big Healey" definitivo — não só em termos de estilo, mas também de desempenho.

No rigoroso inverno de 1963, o Healey de fábrica de Timo Makinen (77 ARX) enfrenta a neve na curva do Paddock do circuito de Brands Hatch. Este foi um rali exibido pela televisão, realizado em conjunto pela BBC e pelo British Racing and Sports Car Club.

Mudanças na produção

Duas importantes mudanças foram a adoção, pela primeira vez em um "Big Healey", de embreagem de diafragma (com 241 mm de diâmetro), em maio de 1963, e, por fim, no mês seguinte, a substituição das rodas de 48 raios pelas de sessenta raios, mais robustas.

Em 1963, esta roda de sessenta raios (nesta foto em um carro mais antigo, 1961-62) substituiu a de 48 raios, menos robusta.

Dois anúncios veiculados em meados de 1963. Como seria de esperar, a Austin mostra o novo Conversível Esporte, e a Girling Braking Systems exibe um dos maravilhosos carros de rali, ainda com janelas laterais corrediças, um ano depois de terem sido eliminadas dos carros de série.

As cores do Conversível

Os Conversíveis Esporte, tanto o MkIIA BJ7 como o MkIII BJ8, lançado depois, eram oferecidos nas mesmas opções de cores, com uma ou outra pequena variação. As cores únicas eram: preto, branco Ivory, vermelho Colorado, azul Healey, verde Flórida e verde British Racing. As opções de pintura em dois tons foram reduzidas em comparação às do 100-Six e 3000 MkI, tornando-se apenas cinco: branco Ivory/preto, vermelho Colorado/preto, preto/vermelho Colorado, azul Healey/branco Ivory e verde Flórida/branco Ivory. Outras combinações eram possíveis sob encomenda, cobradas à parte. Além disso, os carros podiam ser entregues em *primer*, para ser pintados conforme a preferência do cliente. O vermelho Colorado e o verde British Racing ainda eram as cores favoritas, mas o azul Healey de sempre não ficava muito atrás.

Produção e vendas: 3000 MkII

Para nossa sorte, os registros da fábrica de Abingdon foram preservados, permitindo estabelecer com segurança os mercados para os quais os carros se destinaram. No total, foram produzidas 11.564 unidades do 3000 MkII. Destas, assim como no caso do MkI, a maioria (9.468 carros) foi exportada para os Estados Unidos, quase 82% do total. Para o mercado interno, foram destinados 750 carros.

Mais barato do que nunca!

Em outubro de 1962, o governo do Reino Unido reduziu o imposto sobre a compra de carros para estimular a economia, e assim, em 1963, o 3000 Conversível passou a custar 1.045 libras, com os impostos inclusos – mais barato que o Austin-Healey 100 original, que custava 1.063 libras em 1953! Embora o *overdrive*, o aquecedor e as rodas raiadas tivessem se tornado opcionais, esse preço, uma década depois, ainda era excepcional.

Modelo	**Volante na direita**			**Volante na esquerda**			**Total produzido**
	R.Unido	**Exportação**	**Total**	**EUA***	**Outros**	**Total**	
BN7 janela lateral	34	5	39	259	57	316	355
BT7 janela lateral 4-lugares	261	43	304	4,190	602	4,792	5,096
BJ7 Conversível Esporte	455	44	499	5,019	595	5,614	6,113
Totais	750	92	842	9,468	1,254	10,722	11,564

** Inclui toda a América do Norte*

O MkII Conversível Esporte parece muito encantador nesta foto no Salão de Earls Court de 1963. Poucas semanas depois, o modelo seria substituído pelo MkIII.

AUSTIN-HEALEY

3000 MkIII

1964–1967

1964
Um carro esporte requintado

O 3000 MkIII, atualizado e aprimorado, foi lançado em 1964, em duas etapas. A anunciada versão "fase um", que chegou ao mercado no primeiro semestre, trazia modificações no motor e painel de instrumentos. O carro "fase dois", que surgiu três meses depois, sem nenhuma publicidade, tinha uma distância entre eixos maior. Talvez houvesse alguma limitação à introdução simultânea de todas aquelas modificações, o que explicaria a sua adoção gradual. A cabine bastante aprimorada e a maior potência do MkIII lhe proporcionaram uma sobrevida, com as vendas em 1964 25% maiores que as do ano anterior. A imprensa em geral ainda gostava do "Big Healey", e os comentaristas diziam que o preço do carro, de longe o mais barato do mercado europeu com velocidade máxima de 190 km/h, era muito bom. Entretanto, os jornalistas já não eram tão complacentes com as persistentes deficiências do Healey.

Modificações no MkIII

Entre o final de 1962 e o começo de 1963, um último aprimoramento do "Big Healey" foi decidido. Com isso, esperava-se pôr um fim às críticas da imprensa em seus testes, eliminando a maioria das deficiências do carro, na medida das possibilidades diante do quadro de restrições orçamentárias de então. A capota havia sido aperfeiçoada em 1962, e agora os principais problemas eram a pouca distância do solo e o aquecimento da cabine. Além disso, o interior precisava ser modernizado.

O modelo renovado, denominado Austin-Healey 3000 MkIII, entrou em produção no final de outubro de 1963, junto com os últimos MkIIA. Apesar disso, o novo modelo

A sofisticação chegou ao painel de instrumentos, agora de madeira legítima! O novo console central e a alavanca de câmbio em posição central são bem visíveis. A reestilização preservou o espírito e o visual tradicionais do clássico carro esporte britânico com características que, em 1964, eram modernas. O painel tinha a qualidade de sempre, e não estava defasado, ao contrário de outros modelos que havia no mercado na década de 1960.

só seria anunciado em fevereiro de 1964, para permitir que os concessionários americanos formassem estoques suficientes para entrega imediata.

O aprimoramento envolvia sobretudo um painel de instrumentos todo novo para complementar as mudanças anteriores, quando foram lançadas as janelas de vidro descendentes e a nova capota. O estilista da Austin, Dick Burzi, fez a maior parte do trabalho, que contou também com a participação de Donald Healey. Havia um console central entre o túnel da transmissão e o painel de instrumentos com revestimento de madeira, que agora contava com um porta-luvas com chave no lado do passageiro. Entre os novos instrumentos, havia um velocímetro com marcação até 220 km/h. Os bancos remodelados eram revestidos com courvin Ambla, na época um novo material (o revestimento de couro era opcional, cobrado à parte), com a parte central canelada. O encosto dos bancos traseiros podia ser rebatido, formando uma base acarpetada para acomodar bagagem.

As modificações do motor incluíam a árvore de comando de válvulas redesenhada e dois carburadores SU HD8 de 50 mm, que aumentavam a potência para 148 cv (número líquido) a 5.250 rpm. Um sistema de escapamento duplo com quatro silenciadores terminava em dois

A versão definitiva do motor 3-litros do Austin-Healey de série, com os dois carburadores SU de 50 mm.

O encosto dos bancos traseiros era rebatível, formando uma plataforma acarpetada para acomodar bagagem quando eles não estivessem sendo utilizados. Isso eliminava o problema de ter de equilibrar a bagagem sobre o assento irregular de "trator". A elegante capa da capota era de série.

A tampa do porta-malas não trazia a designação MkIII. Observe os refletores traseiros "improvisados" sobre o para-choque e o fato de que a maçaneta da tampa do porta-malas era a mesma dos carros originais de 1953.

A capota erguida é bonita e forte, apesar de apresentar um ponto cego na visão de três quartos de traseira. A janela traseira podia ser retirada para maior ventilação em dias quentes, e também para evitar a formação de pregas.

O 3000 MkIII de 1964-67, a belíssima e potente versão final do "Big Healey". O tom escuro do verde British Racing complementa a elegância do carro — como seu contemporâneo, o Jaguar E-Type, mesmo parado ele parece estar a 100 km/h!

As maçanetas e os puxadores internos da porta do requintado MkIII eram muito superiores ao puxador simples do 100.

A capota do MkIII era de alta qualidade, como a de um legítimo conversível, mesmo não tendo forração interna. É notável a ampla utilização de acabamento cromado no entorno do para-brisa e na parte superior das portas. Os carros "fase dois" receberam novas maçanetas com trincos do tipo botão de apertar.

O discreto e cobiçado emblema do MkIII era fixado logo abaixo das asas Austin-Healey.

A parte superior da armação do quebra--vento podia causar ferimentos, mesmo com o pequeno protetor de borracha (que se soltava com frequência) no lugar. Havia elementos de fixação para a capa do habitáculo, e os carros novos costumavam ser entregues com o selo da BMC no para-brisa!

Os três carros integrantes da equipe do Rali Spa-Sofia-Liège de 1964. Da esquerda para a direita estão: Timo Makinen, Don Barrow, Rauno Aaltonen, Henry Liddon, Tony Ambrose e Paddy Hopkirk. O carro da dupla Aaltonen e Ambrose foi o vencedor da prova, e os outros dois tiveram de abandoná-la antes do final.

canos no lado oposto da traseira em relação aos modelos anteriores. O servofreio passou a ser de série, e o isolamento térmico melhorou muito em vários pontos críticos.

Com esses aperfeiçoamentos, além da nova capota e das janelas laterais descendentes de 1962, o carro passou a integrar uma categoria de modelos mais sofisticados – no mesmo nível de carros como o Jaguar E-Type, embora sendo centenas de libras mais barato que este. O preço básico sem impostos havia aumentado 50 libras, para 915 libras, mas com a recente redução do imposto sobre consumo no Reino Unido o preço total do modelo básico era de 1.106 libras. Na verdade, era possível adquirir um MkIII sem *overdrive*, aquecedor ou rodas raiadas, mas a quantidade de carros produzidos com essa configuração foi muito pequena; hoje em dia é raro encontrar um MkIII com rodas de aço estampado.

Modificações na suspensão e chassi

Não havia tempo suficiente para incorporar todas as modificações sem atrasar o lançamento, portanto, o primeiro lote de carros (depois conhecidos como "fase um") não tinha a suspensão modificada, nem a maior distância entre eixos. Essas duas alterações surgiram, sem nenhuma publicidade, depois de 1.390 modelos MkIII terem sido fabricados. Se tivesse comprado um carro daquele primeiro lote, estaria com um modelo defasado, pois não teria sido possível modificá-lo depois.

Quando o MkIII "fase dois" chegou aos salões de vendas em maio de 1964, seu preço permaneceu igual, mas o problema da pouca distância do solo tinha sido solucionado. Isso exigiu uma grande alteração no desenho da parte traseira do chassi, e talvez por esse motivo a fábrica tivesse relutado tanto em eliminar essa deficiência. O chassi foi rebaixado no ponto em que o eixo passava por cima dele, dando-lhe maior amplitude de movimento. Com isso, foi possível utilizar feixes de seis lâminas, mais macios, aumentando o conforto e a estabilidade. A barra Panhard foi eliminada em favor de dois braços longitudinais para permitir a perfeita localização do eixo. Como resultado dessas alterações e do novo roteiro do sistema de escapamento, a distância do solo foi aumentada em 3,8 cm.

Os discos de freio dianteiros foram aumentados para fazer face aos 148 cv, e os cubos estriados das quase universais rodas raiadas foram bastante reforçados. Por fim, as duas portas passaram a ter maçanetas de botão com tranca. Em retrospecto, é

O DRX 258C modelo MkIII traz os aprimoramentos dos famosos carros de rali com as cores vermelho e branco, e tinha até os faróis auxiliares com carenagem. O teto rígido da carroceria do Conversível que aparece aqui é um pouco diferente do utilizado nos modelos anteriores.

assombroso que uma modificação tão simples como essa não tivesse sido feita em 1962, com as janelas descendentes – talvez a Austin tivesse muitas maçanetas antigas em estoque e quisesse aproveitá-las.

Teste de desempenho

A última versão do "Big Healey" era bastante rápida para sua época, e até mesmo para o nosso tempo. Uma arrancada de 0-402 m na faixa de 16,8 s é semelhante à dos *hatchbacks* rápidos de hoje. O teste da *Autocar* de 12 de junho de 1964 registrou os tempos de 9,8 s de 0 a 96,5 km/h, 16,2 s de 0 a 128 km/h e 25,7 s de 0 a 160 km/h. A revista *Motor* conseguiu baixar o tempo 0-160 km/h para 23,8 s, menor que o do 100S de corrida de 1955, apesar do fato de o MkIII ser mais pesado. O consumo de combustível melhorou, pois o motor era mais eficiente, com 8,5 km/l em velocidade de cruzeiro, mas poderia chegar a menos de 7 km/l se o motorista tivesse pé direito pesado.

A opinião da imprensa

No aspecto geral, o MkIII silenciou os críticos, embora as revistas do Reino Unido tivessem testado o AJB 343B, que pertencia ao lote de carros sem o chassi rebaixado e maior distância do solo. É estranho que a BMC não tivesse esperado pelo "fase dois" para liberar um carro de teste.

A *Motor* considerou o MkIII "uma singular combinação entre carro esporte antigo e GT moderno". "A combinação entre velocidade, requinte e personalidade ainda é incomparável", prosseguiu. Note que a revista usou o termo "personalidade" ainda naquela época para o "Big Healey", que era um modelo de série! Os jornalistas lamentaram o fato de o "adorável ronco" do escapamento ter sido abafado pelos quatro silenciadores e disseram que embora fosse bonito, o console central atrapalhava. Qualquer proprietário que tenha tentado passar para o outro banco por dentro do carro concordará com isso.

A revista se esforçou em ressaltar que o MkIII não era um "carro esporte para fracos". A velocidade máxima de 200 km/h era muito elevada e excepcional por 1.200 libras.

A *Motor* concluiu: "Resumindo, agora pode-se andar mais rápido e com maior conforto (mas sem ostentação) sem consumir mais gasolina".

A *Autocar* fez uma crítica velada: "O Big Healey está há muito tempo no mercado, tendo passado por inúmeras modificações, em diferentes versões e com vários tipos de motor, mas agora as repetidas reestilizações já não conseguem mais disfarçar seu envelhecimento e defasagem tecnológica." O ruído do motor em altas rotações também foi mencionado — o barulho gerado pela combinação de motor, ventilador, aspiração livre e escapamento foi considerado quase comparável ao que se ouvia nos Grandes Prêmios, e era agravado pelo ruído do vento à volta das janelas e na capota! Isso não combinava com um grã-turismo. A estabilidade no molhado também foi criticada: "um toque inadvertido no acelerador pode fazer o carro sair bastante de traseira, e é preciso tomar extremo cuidado nas curvas". Neste ponto, pneus modernos faziam muita diferença, mas o Healey da *Autocar* ainda estava equipado com os diagonais RS5 5.90-15 pol. Como de costume nos testes do "Big Healey", no último parágrafo a matéria relevava tudo: "Apesar de algumas características ultrapassadas, dirigir o Big Healey ainda é um grande prazer. Elástico, capaz de enfrentar trabalho pesado com razoável economia, o carro continuará sendo apreciado mesmo quando deixar de ser fabricado". E, de fato, continua sendo!

O carro dos irmãos Morley deixa um posto de controle no Rali do RAC de 1964. Eles terminaram a prova em 21º lugar na classificação geral, e Timo Makinen chegou em segundo com o BRX 852B. Por mais que tivesse tentado, a equipe Healey nunca conseguiu vencer o Rali do RAC, mas se classificou em segundo lugar nos anos de 1961 e 1962, e também em 1964.

Este anúncio da BMC enaltece a tradição do Austin-Healey 3000 nas competições.

Rauno Aaltonen e Tony Ambrose a caminho da vitória com o BMO 93B no Rali Spa-Sofia-Liège de 1964. Esta foi a última vez que a dura prova foi realizada.

Especificações: 3000 MkIII (BJ8)

MOTOR

Descrição
Seis cilindros em linha com válvulas no cabeçote atuadas por varetas e balancins. Bloco e cabeçote de ferro fundido. Coletor de admissão de alumínio e coletor de escapamento de ferro fundido com dois canos de escapamento separados. Comando de válvulas no bloco acionado por corrente. Pistões de liga de alumínio, bielas de aço e casquilhos de cobre-chumbo. Virabrequim de quatro mancais

Cilindrada
2.912 cm^3

Diâmetro e curso
83,3 mm 89 mm

Taxa de compressão
9:1

Potência máxima
148 cv a 5.250 rpm

Torque máximo
22,8 kgfm a 3.500 rpm

Carburadores
Dois SU HD8 de 50 mm

TRANSMISSÃO

Caixa de câmbio
Quatro marchas à frente, com sincronização a partir de 2ª. *Overdrive* Laycock de Normanville em 3ª e 4ª opcional

Relações

		Overdrive
1ª	2,637:1	
2ª	2,071:1	
3ª	1,306:1	1,077:1
4ª	1,000:1	0,822:1
Ré	3,391:1	

Embreagem
Mola diafragmática de 241 mm Borg and Beck

Cardã
Hardy Spicer com rolamentos de agulha

Eixo traseiro
Par cônico hipoide

Relações de diferencial
3,545:1 normal
3,909:1 carros com *overdrive*

FREIOS

Dianteiros
A disco Girling de 285 mm

Traseiros
A tambor Girling, 279 mm × 57 mm

Operação
Hidráulica Girling, servoassistência a vácuo

Freio de estacionamento
Alavanca central ligada por cabo/haste aos tambores traseiros

SUSPENSÃO

Dianteira
Independente, braços triangulares superpostos, molas helicoidais, amortecedores hidráulicos de dupla ação e barra estabilizadora

Traseira
Eixo rígido
Até o chassi HBJ8 26704: feixes de molas elípticas de sete lâminas, amortecedores hidráulicos de dupla ação e barra Panhard
A partir do chassi HBJ8 26705 (carros "fase dois"): quadro do chassi modificado e eixo com feixes de molas semielípticas de seis lâminas, amortecedores de braço de dupla ação e braços longitudinais

DIREÇÃO

Tipo de sistema
Setor e sem-fim Cam Gears. Relação 15:1

Número de voltas entre batentes
3

Diâmetro de giro
10,8 m

Volante
De raios de varetas com diâmetro de 419 ou 431 mm

Rodas
4J × 15 de aço estampado com fixação por cinco prisioneiros/porcas e calotas de aço cromadas.
Como opção, 4 J × 15 de sesenta raios com fixação central por porca borboleta e pintura prateada ou cromada

Pneus
5.90-15 Dunlop RS5 diagonais com câmara

DIMENSÕES

Comprimento
4m

Largura
1,54 m

Altura (com a capota erguida)
1,24 m

Distância entre eixos
2,34 m

Bitola
Dianteira: 1,24 m
Traseira: 1,27 m

Distância mínima do solo
128 mm
165 mm a partir do chassi HBJ8 26705

Peso
1.181 kg

DESEMPENHO

Teste de rua da *Motor*, março de 1964

Velocidade máxima
180 km/h

0-80 km/h 6,9 s

0-96,5 km/h 9,8 s

0-112 km/h 12,1 s

0-128 km/h 14,8 s

0-144 km/h 18,2 s

0-160 km/h 23,7 s

0-402 m 17 s

Consumo médio de combustível
7,8 km/l

Mais vitórias

Os MkII 1962-63 de rali com janela lateral plástica foram desativados, e três novos 3000 MkIII participaram dos ralis de 1964: ARX 91B, ARX 92B e BMO 93B. Depois, um quarto carro foi acrescentado à equipe, o BRX 852B. Eram todos carros de quatro lugares, equipados com o raro teto rígido produzido para o modelo Conversível. Nessa temporada, os carros se saíram muito bem: uma nova vitória no Rali Spa-Sofia-Liège, com Rauno Aaltonen e Tony Ambrose pilotando o BMO 93B. Outros destaques foram a vitória de Paddy Hopkirk no Rali dos Alpes Austríacos, o primeiro lugar dos irmãos Morley no Rali das Tulipas, e o segundo lugar na classificação geral conquistado por Timo Makinen no Rali do RAC, o grande evento britânico que a equipe jamais conseguiu vencer. No entanto, agora que o Mini-Cooper 1275S havia sido homologado, Abingdon preferia utilizá-los nos ralis, e o MGB nas corridas de longa distância. Embora 1964 tivesse sido o último ano de participação intensa dos "Big Healeys" da equipe em rali, os carros ainda podiam competir e vencer ralis internacionais, em especial as mais duras provas de grande resistência. Houve novos carros em 1965, mas a participação deles foi reduzida.

1965
A modificação final

Depois de uma última modificação, as especificações do carro estavam consolidadas. A companhia não despenderia mais dinheiro no seu desenvolvimento e, além disso, reduziu as verbas publicitárias. Com o novo motor de 150 cv e um preço justo, de certa forma, o carro vendia por si próprio. Muitos dos compradores já estavam em seu terceiro ou quarto "Big Healey" e não iriam mudar. Quase 4.000 MkIII foram vendidos em 1965. O sucesso ininterrupto da equipe de rali da fábrica, sem dúvida, ajudava as vendas, embora aquele fosse seu último ano.

Os indicadores de direção dianteiros separados das lanternas foram adotados em março de 1965. Por fim, indicadores na cor âmbar — e já não era sem tempo!

Indicadores de direção mais modernos

Ainda que as modificações da "fase dois" tivessem sido incorporadas ao MkIII em maio de 1964, houve mais uma, pequena, mas bastante visível, em 1965. Foi a inclusão, por fim, das modernas e separadas lentes de indicadores de direção âmbar. A alteração exigiu a mudança dos refletores traseiros de seus encaixes na carroceira para suportes fixados sobre o para-choque. A antiga base de encaixe dos refletores foi ampliada para abrigar os indicadores de direção, e uma nova lanterna traseira com luz de freio foi instalada na carroceria, próxima aos refletores. O painel dianteiro passou a ter duas pequenas marcas de estampagem de cada lado, do lado de dentro em relação às lanternas, para alojar os indicadores de direção separados. Essas modificações foram feitas a partir do carro número H-BJ8 31336. Às vezes, os entusiastas se referiam a esses carros como "fase três", embora sem a aprovação da fábrica. Depois dessas alterações, o 3000 MkIII permaneceu no mercado por quase mais três anos, sem nenhuma outra modificação importante.

O lançamento dos indicadores de direção âmbar, em março de 1965, exigiu a mudança dos refletores traseiros, antes incorporados à carroceria, que foram fixados aos para-choques, numa solução um tanto improvisada.

Os primeiros Conversíveis Esporte MkIII ainda tinham lanternas e indicadores de direção em uma só peça, como se vê nesta ilustração. Em 1964, essa solução já era considerada bem ultrapassada.

Os catálogos do MkIII Conversível Esporte

A temática do principal catálogo do 3000 MkIII para o Reino Unido estava relacionada à equitação, ao jogo de polo. Por incrível que pareça, o carro da capa tinha uma pintura em duas cores (azul e cinza), que nunca foi de série. As páginas internas traziam ilustrações do novo interior com os assentos dos bancos de espuma de látex e os encostos dos bancos dianteiros rebatíveis, com acabamento em "tecido vermelho elástico revestido de vinil" (Ambla). Uma pequena ilustração em detalhe mostra uma sorridente moça loira de vestido azul empilhando malas na plataforma de bagagem traseira. Imagine aonde a bagagem iria parar se o motorista freasse o carro de repente! Na página ao lado, um carro de volante na esquerda com pintura nas cores preto e vermelho Colorado era representado contra um plano de fundo com uma partida de polo – o lugar ideal para o proprietário de um carro de um segmento superior de mercado ser visto nos anos 1960.

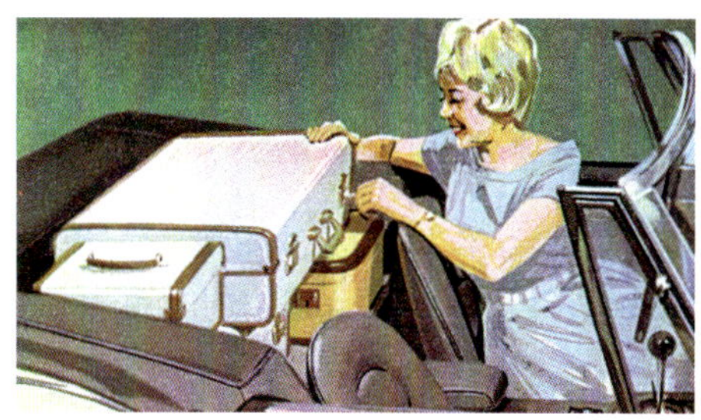

As especificações mecânicas ainda eram muito importantes para o marketing dos carros nos anos 1960 e ocupavam as três últimas páginas do catálogo. "O motor BMC de 2,9 litros" foi mencionado com destaque. O catálogo dizia que "este durável motor já se mostrou capaz de manter altas velocidades, superiores a 160 km/h". Os freios desta máquina veloz também foram mencionados, com uma ilustração da suspensão dianteira e os freios a disco.

Um episódio bastante conhecido na história dos ralis é este no qual o Healey de Makinen ficou atolado na neve enquanto Aaltonen entrava no Cooper S durante o Rali do RAC de 1965. Aaltonen venceu a prova, e Makinen terminou em segundo lugar. O carro é o EJB 806C.

Se o leitor acha pequeno o porta-malas do 3000 comum, que tal este carro de rali da fábrica com um enorme tanque de gasolina em seu interior? Observe a tampa especial do porta-malas, que permitia levar um estepe extra. Não era possível remover a bateria sem primeiro retirar o tanque.

Os últimos carros de corrida da fábrica

O último "Big Healey" de corrida montado pela equipe da fábrica foi o 767 KNX. Foi preparado pela Healey em Warwick para a corrida de Sebring, em março de 1965. Pilotado por Paul Hawkins e Warwick Banks, o carro se mostrou bastante confiável, seguindo em frente em meio a uma forte tempestade que inundou alguns trechos da pista, chegando à altura de até 20 centímetros em alguns pontos. Apesar de Hawkins ter tido de pilotar o carro sozinho a maior parte do tempo, pois Banks havia se sentido mal, o 767 KNX terminou em primeiro lugar em sua classe, e em 17º na classificação geral. Ted Worswick, um dos pilotos da equipe, acabou adquirindo o carro e continuou a correr com ele durante alguns anos como participante independente em corridas importantes.

A equipe da fábrica também se inscreveu na Targa Florio, realizada na Sicília – a última grande corrida de estrada –, mas nessa ocasião utilizou um carro de rali de Abingdon, o ARX 91B, com Paul Hawkins e o piloto de rali Timo Makinen ao volante. O Healey vinha liderando em sua classe, até ocorrer uma quebra do braço do rotor, caindo para o segundo lugar, atrás de um Ferrari GTO; um desempenho excelente para um carro que não era de corrida. "Big Healeys" de todos os modelos continuam até hoje participando de corridas em todo o mundo, mas as provas de 1965 foram as últimas em que a equipe da fábrica utilizou os 3000.

Como se vê nesta foto do ARX 91B em Targa Florio, na Sicília, em 1965, os carros de rali da fábrica também participavam de corridas internacionais de longa distância. Os pilotos eram Timo Makinen e Paul Hawkins.

O último "Big Healey" preparado em Warwick foi o 767 KNX. Visto aqui em uma ocasião mais recente, o carro foi vencedor em sua classe nas 12 Horas de Sebring de 1965 com Paul Hawkins e Warwick Banks ao volante.

O mais rápido Healey?

Em meados de 1965, a *Autocar* recebeu um dos últimos 3000 de rali da fábrica (DRX 258C) para sua série "Carros de Fábrica", que trazia também dados de desempenho. O carro estava equipado com um diferencial com relação 4,3:1, bem mais curto do que com a relação 3,9:1 dos carros de série com *overdrive*. Isso, com certeza, melhorava a aceleração, mas o grande peso do carro com todo aquele equipamento de rali anulava em parte essa vantagem. O motor devia produzir cerca de 210 cv no volante, pois a potência verificada nas rodas traseiras era de 173 cv. Havia três carburadores Weber e o cabeçote era de alumínio, com taxa de compressão de 11:1, realmente alta para um carro de rua. Um comando de válvulas preparado, com cruzamento de 95º, assegurava um torque máximo numa faixa de rotação bem alta, com o motor operando com segurança a 6.000 rpm. O sistema de freios foi modificado, com dois circuitos independentes na frente e atrás, cada qual

O grande compartimento do motor do carro de rali da fábrica 1965 DRX 258C. Note o recorte que teve de ser feito no painel dianteiro para permitir o acesso aos carburadores Weber, em parte encobertos. Considerando a quantidade de faróis auxiliares, é surpreendente que o carro fosse equipado com um dínamo, em vez de alternador — provavelmente por questões de homologação. Nesta configuração, os motores dos carros de rali desenvolviam sem problemas quase 200 cv.

com seu servo. Era evidente que havia freios a disco nas quatro rodas.

O carro foi testado logo depois de ter obtido o segundo lugar na classificação geral no Rali dos Alpes de 1965, com tempos de aceleração impressionantes: 0-160 km/h em 19,2 s (empatando com o Jaguar E-Type 4,2), uma arrancada 0-402 m em 15,6 segundos, e 6,4 s de 128 a 160 km/h em quarta. Em segunda, o tempo de 48 a 80 km/h foi de apenas 2,8 s, muito rápido por quaisquer padrões. A velocidade máxima não passou de 190 km/h por conta do diferencial curto. Um carro tão pesado e com esse alto desempenho teria mesmo de consumir muito combustível e, de fato, foram registrados 4,8 km por litro – não é de admirar que os carros de rali tivessem tanques de combustível tão grandes.

Com esse teste, a equipe da *Autocar* teve a oportunidade de pilotar no limite um Healey da equipe de fábrica. A reportagem terminava dizendo que o Healey era um "carro de corrida clássico que se comporta maravilhosamente na rua e merece ser considerado um dos maiores carros de todos os tempos". Ao contrário de alguns dos chamados clássicos de hoje, o Austin-Healey foi reconhecido por seus méritos quando estava no auge; as pessoas já o consideravam um carro clássico dez anos antes de o termo ter sido inventado!

O Rali do RAC de 1965, com os irmãos Morley no DRX 258C, um dos 3000 da versão final, com os canos de escapamento laterais inseridos na soleira da porta. No entanto, eles se acidentaram e não puderam terminar a prova – sua última participação como integrantes da equipe de fábrica da Healey. Antes, no Rali dos Alpes daquele ano, eles se classificaram em segundo lugar geral com este carro.

A cabine do DRX 258C, um dos últimos carros de rali da fábrica. Como se pode ver, vários itens de série foram modificados. Note o comprido interruptor na manopla da alavanca de câmbio, para acionamento do overdrive.

Os cupês

Estes dois carros eram considerados protótipos de uma nova versão da linha Austin-Healey, que consistia em um cupê bastante rápido, para ser comercializado ao mesmo tempo que o MkIII Conversível Esporte – ou seja, um legítimo GT. O desenho do novo carro foi feito em Warwick, com a participação de Donald e Geoffrey Healey. A carroceria do cupê foi montada em um chassi modificado de um carro de corrida de Sebring, com um motor preparado de forma adequada, três carburadores SU e cerca de 170 cv de potência. O carro recebeu um tanque de combustível de grande autonomia, isolamento acústico e dois bancos especialmente projetados. A suspensão foi aperfeiçoada, com amortecedores reguláveis, que podiam ser ajustados do interior da cabine. Os freios a disco nas quatro rodas asseguravam uma frenagem eficiente. O carro se mostrou um excelente e rápido grã-turismo de longo alcance e foi utilizado por Donald Healey em diversas ocasiões. O cupê foi mostrado à diretoria da Austin, que solicitou então um segundo modelo, um pouco diferente, baseado em um carro de série. Por questões de economia, houve poucas modificações e, por um momento, parecia claro que o modelo entraria em produção. Entretanto, como o MGB GT estava prestes a ser lançado, e em 1967 surgiria o MGC de 3 litros, a BMC percebeu que não poderia oferecer dois cupês semelhantes, com motor de 3 litros. Foi uma pena, porque ali estava, afinal, a chance de o Austin-Healey 3000 continuar sendo produzido. Por incrível que pareça, estes dois carros existem até hoje, e foram muito bem restaurados.

Este anúncio, de 1965, enaltecia a robustez do Healey, mas também falava da nova "cabine mais elegante".

Os dois cupês Healey 3000 experimentais são vistos juntos aqui. Observe a grade fora de série do carro azul.

Nenhuma velharia, afinal

Entre meados e o final dos anos 1960, eu costumava ler avidamente as edições mensais do guia dos preparadores de Mini, a *Cars and Car Conversions*. Na época, a publicação não era considerada tão importante para receber um caro carro de teste, mas, em 1965, acabou recebendo um Austin-Healey 3000 MkIII. Quando os jornalistas se acostumaram com a experiência de pilotar aquele carro antigo, de baixas rotações, diferencial longo e alta velocidade, chegaram à conclusão de que aquelas velharias tinham lá suas vantagens. Eles chegaram mesmo a dizer que gostaram do carro e concluíram a reportagem do teste dizendo que o 3000 tinha um custo-benefício melhor que o da maioria dos carros existentes no mercado.

Com o novo painel de instrumentos do MkIII o Healey passou a ter, pela primeira vez, um porta-luvas com chave. Ele não era tão espaçoso quanto os porta-objetos sob o painel, e o porta--luvas do MkIII do autor costumava se encher de água de chuva.

Embora o carro tenha sido vendido há muito tempo, ainda possuo o manual do proprietário estragado pela água...

A traseira levantada do MkIII "fase dois" se distingue aqui pelo vão maior entre o topo do pneu traseiro e a parte inferior do arco da roda.

O proprietário equipou este carro com rodas de 72 raios, mas todos os MkIII de série tinham rodas de sessenta raios, exceto aquelas poucas unidades com rodas de aço estampado. Ao contrário do Jaguar, a marca não era estampada nas porcas borboleta.

Apesar da abertura um pouco estreita do capô, o acesso ao motor era fácil. O nome na plaqueta do motor era sempre apenas Austin, e não Austin-Healey.

A capa fornecida para a capota dobrada do Conversível era elegante e alinhada, mas volumosa quando utilizada, prejudicando um pouco a visão traseira.

A visão de cima mostra com clareza a curvatura do para-brisa dianteiro do Conversível e a elegante capa integral do habitáculo, que era cobrada à parte.

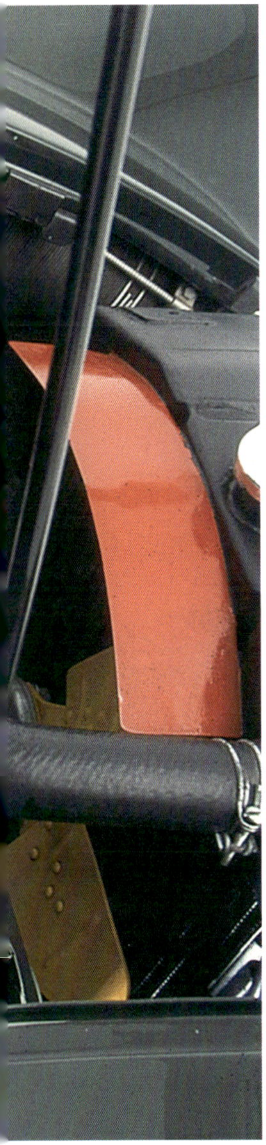

O emblema do 3000 em forma de "relâmpago" estava agora no centro do novo console central. Pela primeira vez, havia lugar para um alto--falante de rádio no 3000; sinal dos tempos.

Com os silenciosos transversais, os canos de escapamento saíam pelo lado oposto. Eram ainda bem mais silenciosos, o que talvez desagradasse a muita gente.

No caso de uma chuva repentina, a alça central permitia que um ocupante erguesse a capota mesmo estando sentado.

1966
Anos depois, a demanda continua firme

A forte demanda dos Estados Unidos

Em 1966, com as especificações do 3000 MkIII consolidadas, sem nenhuma grande novidade e não podendo mais capitalizar as vitórias nas corridas, o "Big Healey" podia ter desaparecido aos poucos. Entretanto, para surpresa geral, a produção e as vendas daquele ano foram as melhores desde 1960, com um total de 5.494 unidades fabricadas – mais de cem carros por semana, um dos melhores ritmos de produção de toda a história do carro. É difícil encontrar uma explicação para esse volume de vendas, pois não havia muita propaganda do modelo àquela época. A única conclusão possível é a de que o preço do 3000 realmente compensava. Catorze anos depois de ter sido lançado, ele era, sem dúvida, o carro requintado com velocidade máxima de 190 km/h mais barato do Reino Unido. Embora alguns dos novos carros americanos chamados "*muscle cars*" não custassem mais caro e fossem mais rápidos que o 3000 nas retas, não podiam ser considerados carros esporte pelos padrões tradicionais. Em 1966, o Healey foi escolhido por nada menos que 5.000 americanos em detrimento do Camaro e do Mustang. É em boa parte graças a isso que existe ainda, 35 anos depois, uma quantidade razoável desses carros em circulação. Quem se espanta com o preço atual de venda de um 3000 MkIII em boas condições pode muito bem imaginar quanto o modelo custaria se as vendas tivessem sofrido uma queda em meados da década de 1960...

Por incrível que pareça, as vendas aceleraram em 1966. É possível que os potenciais compradores achassem que o carro sairia de linha em pouco tempo e tenham se apressado em adquiri-lo. Abingdon estava fabricando mais de cem carros por semana, o máximo de carrocerias que a Jensen conseguia fornecer, e também quase a maior quantidade de carros produzidos por semana – um belo final.

Um raro flagrante do processo de montagem das carrocerias do 3000 MkIII na Jensen Motors, em West Bromwich, ao lado do próprio modelo da Jensen, o CV-8. A Jensen, claro, produziu ao longo destes anos muito mais carrocerias do Austin-Healey do que as destinadas ao seu modelo.

Um dos últimos Healeys de rali (EJB 806C) andando rápido no ambiente para o qual foi feito.

Um belo Healey vermelho e uma estrada campestre deserta — assim são os sonhos com os carros clássicos...

O 3000 MkIII e seus rivais

No começo de 1966, os compradores de carros esporte britânicos dispunham de uma grande variedade de modelos à sua escolha, mas nenhum deles se igualava ao Austin-Healey em termos de desempenho em relação ao preço. O Ford Cortina-Lotus era talvez o que mais se aproximava do Healey; custava um pouco menos, com um tempo de 0 a 96,5 km/h semelhante, mas velocidade máxima inferior, e não era conversível.

Modelo e Marca	Velocidade máxima	0-96,5 km/h	0-160 km/h	0-402 m	Consumo	Preço final (em libras)
Jaguar E-type 4.2	240 km/h	7,0 s	17,2 s	14,9 s	6,5 km/l	1.934
Ford Mustang 4.7 V8	200 km/h	7,6 s	19,7 s	15,2 s	4,6 km/l	2.496
Austin-Healey 3000 MkIII	190 km/h	9,8 s	23,7 s	17,0 s	6,2 km/l	1.107
Lotus Elan	180 km/h	9,0 s	24,1 s	16,5 s	9 km/l	1.436
Reliant Sabre Six	180 km/h	9,9 s	34,0 s	17,6 s	8,2 km/l	1.017
Triumph TR4A	170 km/h	11,4 s	48,8 s	18,1 s	9 km/l	968
Ford Cortina-Lotus	170 km/h	10,1 s	33,5 s	17,7 s	7,5 km/l	1.007
MG MGB	170 km/h	12,1 s	—	18,7 s	8,1 km/l	855
Sunbeam Alpine MkIV	150 km/h	14,4 s	—	19,9 s	7,5 km/l	878

O carro de reboque ideal?

Pequeno em relação ao reboque de seis metros, este Healey percorreu um longo trajeto e mostrou-se capaz de puxar um veículo com mais de seis vezes sua área frontal. Entretanto, o consumo de combustível aumentou.

Em meados de 1966, Peter Browning tomou emprestado um enorme *trailer* Sprite de 6 metros e o atrelou a um Austin-Healey 3000 MkIII para ir assistir à corrida de Le Mans. Como se vê nesta foto, o *trailer* era grande até para um carro esporte do tamanho do Healey, mas a viagem transcorreu sem problemas, segundo uma reportagem da revista *Safety Fast*, publicada por Abingdon.

No começo do trajeto, ocorreu um preocupante desvio para os lados acima de 40 km/h, cuja causa era a altura excessiva do engate. Não foi possível alterá-la antes do começo da viagem, mas uma modificação da pressão dos pneus e a colocação da bagagem de maior peso na parte dianteira do reboque ajudaram a amenizar o problema, possibilitando que a velocidade máxima permitida de 60 km/h fosse mantida. A essa velocidade, a viagem foi um tanto demorada, claro. Browning ficou muito satisfeito com o desempenho do Healey: torque de sobra para tracionar

o reboque a baixas velocidades, freios eficientes e uma incomparável visão ao dar macha à ré com a capota abaixada. Ele tinha de ser cuidadoso ao passar por lugares estreitos, lembrando que atrás havia um reboque cerca de 60 centímetros mais largo que o carro.

Há poucos anos, o autor pôde comprovar que o 3000 era um excelente carro de reboque, quando vi um 3000 MkIII verde British atrelado a uma carreta sobre a qual havia outro 3000. A carreta seguia muito bem, a cerca de 90 km/h, embora o Healey estivesse tracionando dois veículos, com um peso total maior que o dobro do seu.

As borrachas de vedação e a estrutura da capota do Conversível. Embora não fosse 100% impermeável, era considerada excelente para 1966 e muito melhor que as "capas de chuva" dos carros esporte de dez anos antes.

Apesar de todas as modificações feitas no MkIII, o espaço do porta-malas ainda continuava pequeno...

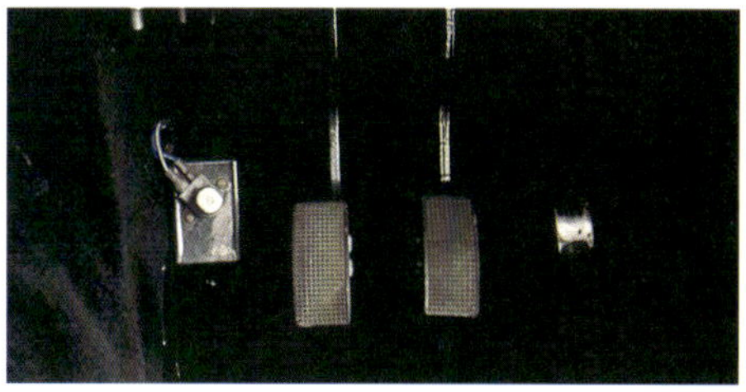

O "Big Healey" sempre teve este comutador de farol acionado com os pés, um equipamento do qual muitas pessoas sentem falta nos carros modernos, inclusive o autor.

Sem mudanças, felizmente!

Em 1966, a revista americana *Car and Driver* publicou um pequeno artigo sobre o 3000 MkIII intitulado: "Você se lembra do velho e duro Healey de dez anos atrás? Por sorte, ele não mudou nada!" E prosseguia: "Todos os problemas foram solucionados, e o comprador sabe o que está levando — um carro antigo, um remanescente dos antigos métodos britânicos de produção de automóveis". Segundo o texto, o robusto chassi Healey tinha uma baixa rigidez torcional e, em consequência, o Austin-Healey só apresentava um rodar macio em ruas com boa pavimentação regular. A falta de sincronização em primeira foi criticada, assim como a posição ao volante, considerada desconfortável. Como de costume, a falta de espaço para a bagagem foi mencionada, e o repórter teve a impressão de que os bancos traseiros haviam sido projetados mais para levar bagagem do que pessoas.

Foi informado que o carro era fornecido com aquecedor, *overdrive* e rodas raiadas incluídos no preço básico, portanto, é provável que o modelo básico não estivesse sendo comercializado nos Estados Unidos em 1966. Dizendo que o preço do carro era muito bom, a reportagem lembrava os leitores que "veículos mais potentes como o Lotus Elan e o Alfa Giulia Sprint GT tinham preços semelhantes, e o comprador potencial deveria considerá-los em sua escolha". Talvez no final de 1966 o encanto estivesse se desvanecendo. Não obstante, o bom e velho 3000 ainda permaneceu no mercado por mais um ano.

1967 Liquidado pela legislação

Por uma série de motivos, nenhuma das várias tentativas de criar um substituto adequado para o Austin-Healey 3000 deu certo, e o modelo MkIII não pôde permanecer no mercado porque estava em desacordo com diversas normas da legislação dos Estados Unidos prestes a entrar em vigor. O modelo tampouco podia ser modificado a um custo razoável para atendê-las. Assim, em 1967, o "Big Healey" começou a desaparecer aos poucos.

Queda na produção

Depois dos surpreendentes resultados das vendas em 1966, era quase certo que o ano de 1967 não seria tão bom para o já antigo carro. O "Big Healey" estava no mercado havia quinze anos sem grandes mudanças, numa época em que as alterações de estilo e tendência dos automóveis ocorriam com mais rapidez. Seu destino, porém, acabou sendo determinado pela nova legislação federal de segurança e restrição de emissão de poluentes dos Estados Unidos, que entrou em vigor em janeiro de 1968. Desde o começo, mais de 80% da produção do Healey se destinava aos Estados Unidos, portanto, a adequação às novas normas seria fundamental para o futuro do carro. Seria necessário providenciar um novo painel de instrumentos de "segurança" e dotar o motor de equipamentos de controle de emissão de poluentes — modificações de alto custo para um carro de projeto ultrapassado. Assim, tomou-se a difícil decisão de reduzir o ritmo da produção no final de 1967, e os últimos carros foram embarcados para os Estados Unidos.

A produção em série do 3000 se encerrou em novembro de 1967, com os últimos carros concluídos em dezembro. Naquele ano, foram produzidos 3.051 MkIII, mas o fim ainda estava por vir. Em março de 1968, foi produzido um carro com volante na direita, destinado ao mercado interno, este sim o último de todos os Austin-Healeys 3000. Além disso, desde 1968, ao menos um Healey 3000 foi montado com peças de reposição novas, mas não pode ser computado no total produzido.

Portanto, para todos os efeitos, o "Big Healey" acabou no final de 1967, mas escapou de ser desfigurado pelas mudanças necessárias para atender à nova legislação, fiel a si mesmo e aos conceitos originais de projeto de Donald e Geoffrey Healey e sua pequena equipe de Warwick. Felizmente, o carro que todos nós adoramos não foi modificado para atender às exigências impostas pelos bem-intencionados de sempre — foi melhor ele ter acabado assim, com sua reputação e seu desempenho preservados. Se tivesse permanecido em produção em 1968 e nos anos seguintes, o Healey deixaria de ser o que sempre foi, o que seria lamentável.

Produção total do 3000 MkIII

Entre o final de 1963 e o começo de 1968, foram produzidas 17.704 unidades do 3000 MkIII no total (além de sete carros da fábrica e um chassi de desenvolvimento): mais que o total de modelos MkI, MkII e 100-Six, e também mais do que o total de carros de quatro cilindros. Portanto, os últimos anos do "Big Healey" foram uns dos melhores de toda a sua existência, e o MkIII foi a versão mais popular de todas.

Para nossa surpresa, 1.146 MkIII foram destinados ao mercado interno, e 87% do total produzido aos Estados Unidos. Sem a força do mercado americano, talvez os "Big Healeys" não tivessem sequer existido e tampouco qualquer outro carro esporte britânico produzido em grandes quantidades nas décadas de 1950 ou 1960.

Um carro clássico, com uma combinação de cores clássica — um 3000 MkIII azul Healey e branco Ivory em um belo cenário campestre.

FSG 604D

Numa curva fechada, um 3000 MkIII na rara cor de final de produção bege Golden metálico.

Bege Golden metálico

Embora as "edições limitadas" só viessem a surgir em 1967, o departamento de marketing da BMC criou em janeiro um precursor daquele conceito ao lançar a primeira e única nova opção de cor para o Big Healey dos últimos cinco anos, pelo menos: uma bela cor metálica chamada bege Golden. Não se sabe se isso ajudou a alavancar as vendas, mas com certeza resultou em uma raridade, pois apenas 553 carros foram pintados nessa cor, 510 dos quais foram enviados para os Estados Unidos. Considerando os demais mercados de exportação, não mais do que 35 deles teriam sido destinados ao Reino Unido. O autor se recorda de ter visto com frequência um 3000 novo na cor bege Golden metálico em Bristol, em 1967 – o carro pertencia a um dos seus professores de Direito e lhe despertava admiração e inveja.

PRODUÇÃO E VENDAS DO AUSTIN-HEALEY 3000 MkIII

Ano	**Volante na direita**			**Volante na esquerda**			**Total de vendas**
	R. Unido	**Exportação**	**Total**	**EUA***	**Outros**	**Total**	
1963–4 'fase um'	108	7	115	1.193	82	1.275	1.390
1964 'fase dois'	314	23	337	3.200	287	3.487	3.824
1965	310	28	338	3.281	325	3.606	3.944
1966	237	19	256	5.000	238	5.238	5.494
1967	176	14	190	2.733	128	2.861	3.051
1968	1	–	1	–	–	–	1
Total de carros produzidos 1963–8	1.146	91	1.237	15.407	1.060	16.467	17.704

Mais sete carros de rali da fábrica e um chassi de desenvolvimento

* *Inclui toda a América do Norte*

O último Healey de rali

O desenvolvimento do 3000 de rali pela fábrica havia sido suspenso em 1965, depois da modificação do chassi com o escapamento mais elevado. Os Cooper "S" vinham vencendo as provas, e estava decidido que não haveria mais nenhum investimento nos Healeys de competição. Havia um importante prêmio que a equipe nunca conseguiu conquistar: o Rali do RAC, a principal prova do Reino Unido, realizado nas florestas nos meses de novembro. Os Healeys se classificaram em segundo lugar em três ocasiões nessa prova e podiam realmente ter sido vencedores. Em 1967, surgiu uma oportunidade quando o regulamento foi alterado, permitindo que

um Healey 3000 modificado participasse da prova como "carro esporte protótipo". Peter Browning, um grande entusiasta do Healey, era diretor de competição da BMC, e decidiu que o carro teria uma última chance de vencer aquela importante prova.

Como a produção estava se encerrando, era provável que não houvesse verba para fazer um novo carro de rali, e Browning lançou mão do próprio carro, que foi utilizado pelos irmãos Morley no Rali dos Alpes de 1964, então emplacado como ARX 92B, e depois como PWB 57, em nome de Browning. O departamento de competição recuperou com cuidado o Healey, que Browning disse ser talvez o carro mais bem desenvolvido e preparado por Abingdon. O peso foi aliviado em todos os pontos possíveis, mas sem que isso comprometesse a resistência e durabilidade. Depois de instalados o protetor do cárter e outros equipamentos de rali, o peso total chegou a 1.291 kg, pouco maior que o do último modelo 3000 de série. No entanto, o carro havia se tornado "blindado", e o motor muito preparado, com cabeçote de alumínio, produzia uma potência de quase 200 cv nas rodas traseiras (cerca de 250 cv no volante), muito superior à de qualquer outro Healey da época. Aaltonen e Ambrose, vencedores do Rali Spa-Sofia-Liège de 1964, seriam os pilotos, e, com todos os esforços da equipe concentrados naquele carro, a chance de vitória era grande. Entretanto, o Rali do RAC foi cancelado na última hora devido a um surto de febre aftosa. No ano seguinte, 1968, a produção do Healey já havia se encerrado, e o carro não pôde mais participar da prova.

Outros 3000 bem preparados continuaram participando do Rali do RAC até o final da década, mas eram carros de particulares e, sem o apoio da fábrica, não tinham grandes chances de vitória.

Perfeito para turismo: nas viagens a dois, ganhava-se mais espaço para bagagem abaixando o encosto dos bancos traseiros.

Os preços no Reino Unido

O preço de tabela do 3000 MkIII, sem impostos, era 915 libras, mas sem nenhum equipamento extra essencial. Entretanto, a fábrica só produzia modelos completos, e carros sem *overdrive* ou rodas raiadas, por exemplo, só eram produzidos sob encomenda, algo que o pessoal de vendas da BMC sempre procurava evitar. Os preços dos principais opcionais, com impostos inclusos, eram: *overdrive* 60 libras, rodas raiadas 30 libras, aquecedor 18 libras e apenas pouco mais de 2 libras pela coluna de direção telescópica. Com todos esses itens, mais 25% de imposto sobre consumo, o preço no Reino Unido em 1966 era pouco inferior a 1.220 libras, não muito mais que as 1.064 libras cobradas pelo 100 original com um conjunto de opcionais semelhante (embora os impostos tenham sido reduzidos ao longo dos anos) – realmente, um preço muito bom. Mais tarde, alterações tributárias causaram um aumento do preço básico no Reino Unido, que passou de 1.109 libras para 1.126 libras.

Um dos últimos anúncios do 3000 veiculados no Reino Unido, no começo de 1967. O carro básico custava então 1.126 libras com impostos – ainda assim, pouco mais do que custava quase quinze anos antes.

Substituindo o "Big Healey"

Os planos da Healey e Austin para modernizar o carro, transformando-o em um cupê, já foram mencionados aqui, mas houve várias outras ideias naquela época, uma das quais – o Austin-Healey 4000 – chegou a se concretizar. No entanto, se sofresse uma mudança radical, o carro não seria mais o 3000. Além disso, as fusões que estavam prestes a ocorrer na indústria automobilística britânica (que resultariam na criação da detestada British Leyland) prejudicavam o planejamento dos produtos. Com o MG MGC, um carro

esporte de 3 litros, já em estoque, a empresa não haveria de aprovar o desenvolvimento ou a renovação de outro modelo esporte de mesma cilindrada. Na verdade, houve um plano absurdo de instalar um emblema e uma grade do Austin-Healey adaptada no MGC, que seria então declarado o sucessor do "Big Healey". Felizmente, Donald Healey não permitiu que seu nome fosse usado em um carro assim – fosse o que fosse, não era um Austin-Healey, afinal!

A BMC já havia tentado criar um carro esporte, baseado naquele 3000 cupê com carroceria Pininfarina, com o motor Rolls-Royce FB60 de 3.909 cm³ – um seis--cilindros todo de alumínio, que havia sido desenvolvido para o sedã Princess R de 4 litros – e incorporando, por incrível que pareça, uma suspensão interligada Hydrolastic! Felizmente, o projeto, do qual os Healeys também não participariam, acabou sendo arquivado.

A proposta da família Healey para a substituição de seu carro era a mais fiel ao modelo original e a que teve maior probabilidade de se concretizar. Tratava--se, na verdade, de uma carroceria do 3000 reestilizada, 15 centímetros mais larga, com aquele mesmo motor Rolls-Royce seis--cilindros de 4 litros e potência de 175 cv. O carro utilizaria o mesmo eixo traseiro do Princess R e teria as opções de câmbio manual ou automático e um interior de alto padrão. A BMC havia encomendado mais motores Rolls-Royce do que o necessário (o Princess R 4-litros foi um fracasso de vendas), e com isso o Healey teria um custo de produção menor. Ainda assim, não se sabia ao certo se o 4000, mesmo com as modificações, atenderia a todas as exigências da legislação americana, que estava conturbando a indústria automobilística em 1967.

Embora um carro com câmbio automático tivesse sido produzido e dois outros com câmbio manual estivessem quase prontos, faltando apenas receber o acabamento, o projeto foi cancelado em meados de 1967, deixando o adorado, mas obsoleto, "Big Healey" sem um substituto. O Healey 4000 era um carro e tanto e teria sido o substituto ideal do 3000. O protótipo foi muito bem restaurado e costuma ser visto em algumas ocasiões em eventos de clubes – quem dera tivesse sido produzido! Os dois outros carros existem até hoje, um dos quais está no Reino Unido e outro, na Austrália.

O motor Rolls-Royce seis-cilindros FB60 de 3.909 cm³ (projetado e fabricado em Crewe), instalado no Healey 4000. Eram utilizados dois carburadores SU de 50 mm, como no Vanden Plas 4-litros R e no 3000 MkIII. Este protótipo tinha câmbio automático, embora uma caixa de câmbio manual também estivesse disponível.

A foto de frente permite notar que o Austin-Healey 4000, à direita, é mais largo.

Quem observa a traseira do protótipo do 4000 logo reconhece os traços característicos do Healey.

Posfácio

Em 2002, foi comemorado o 50º aniversário do Austin-Healey, com festividades em vários lugares. No Reino Unido, o sempre atuante Austin-Healey Club organizou uma semana de eventos, entre os quais a prometida volta de vários carros históricos há muito desaparecidos. Embora Donald e seu filho não estejam mais vivos, outros integrantes da família Healey frequentam com assiduidade os círculos de entusiastas de Austin-Healey e se interessam muito pelos carros que tornaram seu nome famoso no mundo todo.

Um raro 100-Six com rodas de aço estampado em péssimas condições. Nessas condições, estavam muitos "Big Healeys" no começo dos anos 1970. Muitos ainda estavam nos servindo mesmo nesse estado, incluindo alguns dos meus próprios carros – onde estão agora o RLD 977, o SGF 645 e o 52 ALL? Este carro, emplacado como TLP 3, parece valer a salvação. Será que foi resgatado e recuperado?

Um grupo de modelos 100 muito bem conservados durante uma visita de retorno à fábrica.

Os últimos Austin-Healeys foram fabricados há mais de trinta anos, mas vários deles existem até hoje, confirmando as previsões de durabilidade dos testes de rua da época. Há uma grande disponibilidade de peças de reposição, na verdade muito mais que no começo dos anos 1970, quando o autor utilizava todos os dias o seu 100 quatro-cilindros. Hoje em dia é possível adquirir a maioria dos componentes para modificar os carros conforme as especificações do 100M, enquanto em 1979, foi preciso vasculhar várias oficinas de fundo de quintal e ferros-velhos para encontrar aquelas peças, tão raras.

Era provável que em 2002 existissem mais "Big Healeys" em boas condições de funcionamento do que há vinte ou 25 anos, e outros carros vêm sendo descobertos e restaurados. Pelo jeito, os proprietários de carros esporte hesitavam em se desfazer deles, relegando-os a algum canto escuro até que alguém decidisse restaurá-los. Num palpite, é bem possível que ao menos 30% de todos os "Big Healeys" fabricados existam até hoje. O paradeiro de todos os raros modelos 100S, à exceção de cinco, é conhecido.

No entanto, um carro muito importante talvez não exista mais: o primeiro Healey 100, que foi exposto no estande do Salão do Automóvel de 1952 e causou muito boa impressão, levando Leonard Lord a firmar a parceria que deu origem ao Austin-Healey. Emplacado como MWD 360 (a licença KWD 360 havia sido tomada emprestada) e ainda com volante na esquerda, o carro foi visto na região central da Inglaterra durante alguns anos. John Wheatley, historiador do Austin-Healey, chegou a experimentá-lo quando o carro esteve à venda, em 1954, mas na época, pelo jeito, não soube reconhecê-lo! Visto pela última vez por volta de 1960, o carro ainda tinha os faróis em posição baixa de quando foi utilizado como protótipo e a grade "pontuda", mas nunca mais se ouviu falar dele. Seria maravilhoso se esse carro, tão importante na história do automobilismo, fosse encontrado em um daqueles cantos escuros...

Em 22 de outubro de 1982, trinta anos após a apresentação do Healey 100 no Salão do Automóvel de 1952, realizou-se um jantar comemorativo no Hotel Falcon, em Stratford-upon-Avon. O autor teve a felicidade de estar presente e fez esta foto, na qual aparecem, da esquerda para a direita: Donald Healey, Geoff Price, Brian Healey, Roger Menadue, Andrew Wilson-Gunn, Barry Bilbie, Geoffrey Healey e John Healey. Três Healeys 100 impecáveis estavam expostos nas muito apropriadas cores vermelho, branco e azul.

Um passeio recente com integrantes do Austin-Healey Club. O clube dá bastante apoio aos "Big Healeys" e proporciona inúmeras oportunidades de passeios, reunindo proprietários afins.

Um 3000 MkIII emplacado na Holanda deixa uma aldeia inglesa de nome muito apropriado.

Uma clássica cena inglesa: um 100 diante de um pub *bastante acolhedor.*

Nas comemorações dos 30 anos, Donald Healey e John Sprinzel sopram as velas do bolo de aniversário do Austin-Healey. Geoffrey Healey está à direita.

Donald Healey, ainda em boa forma aos 80 anos, em um encontro do Austin-Healey Club em um dia chuvoso.